［過去問］

2024
湘南白百合学園小学校 入試問題集

JN084604

・問題内容についてはできる限り正確な調査分析をしていますが、入試を実際に受けたお子さんの記憶に
　基づいていますので、多少不明瞭な点はご了承ください。

Shinga-kai

湘南白百合学園小学校
過去10年間の入試問題分析
出題傾向とその対策

2023年傾向

例年通り、個別形式のペーパーテスト、個別テスト、集団テスト、運動テストが行われました。コロナ対策として、過去2年はお友達とかかわる活動は出題されませんでしたが、今年度は集団テストで共同制作、集団ゲームなどのお友達と一緒に活動する課題が出されました。

傾　向

考査は1日で、願書受付順に受験番号が決められます。考査内容はペーパーテスト、個別テスト、集団テスト、運動テストで、ほかに考査日前の指定日時に親子面接が実施されます。2016年度まで考査は1回のみでしたが、2017年度からはA日程とB日程の2回行われています。ペーパーテストでは、数量、推理・思考、話の記憶、言語などさまざまな項目からの出題があり、物を見る力、日常生活の中で話を聞く力が身についているかを問われる課題が頻出しています。2018年度以降は取り組む姿勢やものの扱いなどを含め一人ひとりをよりじっくりと見たいという意図もあり、出題が個別形式になりました。2018～2020年度には口頭で答える問題があり、自分の考えを言葉にしてしっかりと伝える力が問われました。集団テストでは、グループでのドミノ倒しやドンジャンケンなど集団遊びの出題のほか、テスターのお手本を模倣して踊るリズム遊び、共同制作や指示行動の課題も見られます。個別テストでは、課題画や折り紙を使った巧緻性の課題などのほか、お話作りや生き物の成長を問う課題に絵カードが使われることもあります。2019年度に復活した運動テストでは、連続運動の中で行われるものも含めると5年続けて縄跳びが出題されています。体力やねばり強く取り組む姿勢が見られる課題といえるでしょう。面接は考査日の前に親子で実施され、お子さんには名前や生年月日のほか、お友達の名前、好きな遊びや本など日常生活に関する質問がされます。交通道徳や生活習慣について聞かれることもあり、面接中にはしの扱い、リボンかけ、タオル絞りなどの課題が行われる年もありました。保護者に対しては、父親には志望理由、仕事の内容、休日の子どもとの過ごし方、キリスト教教育についてなどが聞かれ、母親には子どものトラブル時の対応などが質問されています。待合室では持参した絵本や折り紙など

で静かに待ちます。湘南白百合学園小学校では、父母会などでも、待つときには周りの人の迷惑にならないよう過ごすように言われていますので、普段から絵本の読み聞かせなどを通して長時間集中できる力を身につけて、静かに待つ習慣をつけておきましょう。

対　策

考査では、指示をしっかり聞き取り、理解して行動すること、正しい姿勢や正しい言葉遣いに注意すること、筆記用具を正しく使い丁寧にかくこと、丁寧かつ正確でスピーディーに行うこと、時間などの約束を守ることが重要です。ペーパーテストでは、数量は必須課題です。数の増減や数の対応などあらゆる課題が出されます。目で見て素早く数える力と、耳で聞いてスムーズに数を操作する力をつけていくことが肝心です。また、言語は女の子の得意とする分野なので、確実に得点できるようにものの名称をしっかり認識し、同頭語やしりとりの力を十分に養っておきましょう。推理・思考分野では重さ比べ、対称図形をはじめ、進み方や四方図、絵の順番など、過去に出題された課題には慣れておくようにしましょう。また、単に練習しただけの力では解決することができない思考力を要する問題も出されていますので、日常生活の中で「なぜかな？」「どうしてかな？」と自分で考える力、物を見る力を養うことが大切です。自分で考える力を養うには、生活習慣を中心に自立心を高めていくことが肝心です。身の回りのことをどれだけ自分で行っているかを見直し、両親や周りの大人が手を貸し過ぎず、見守ることが大切です。そして、困ったときや何かが必要なときは、自分の言葉で相手に伝えられるようにしておきましょう。また、日常生活でのしつけにおいて見逃しがちなことを再度確認してください。たとえば、靴を脱いだらそろえる、ハンカチの扱い方として手をふくときは広げてふき、使い終えたらたたんでポケットにしまうなど、当たり前のことを自然に振る舞えるようにしましょう。お弁当を包む場合、お弁当の箱をナプキンの中央に斜めに置き対角同士を結びますが、まず斜めに置けないお子さんも見受けられます。きれいに結ぶ練習以前に置き方から確認しておきましょう。生活習慣の課題では、作業の過程や取り組む姿勢を重要視しています。時間がかかっても自分のことは自分で行う習慣を身につけるようにしていきましょう。周りの大人の言葉掛けとしては「早くしなさい」と急き立てるより「丁寧にしましょう」との励ましがよいでしょう。考査中は指示をよく聞き普段のように落ち着いて行動することが大切です。集団テストや運動テストでも、指示や約束に従って行動する活動がよく出題されます。指示を一度で聞き取る集中力を養いましょう。全体的には家庭での基本的なしつけや生活習慣を見直し、礼儀、言葉遣い、素直さなどをしっかり身につけていきましょう。そして前に出ようとするばかりでなく他人の意見を聞いたり、譲ったりできるようになること、芯がしっかりしていて何事に対しても積極的に取り組む姿勢を養うことなどが受験の対策として必要です。

年度別入試問題分析表

【湘南白百合学園小学校】

	2023	2022	2021	2020	2019	2018	2017	2016	2015	2014
ペーパーテスト										
話	○	○	○	○	○	○	○	○	○	○
数量	○	○	○	○	○	○	○	○	○	○
観察力			○	○			○		○	
言語	○	○	○	○		○	○	○	○	○
推理・思考	○	○	○	○	○	○	○	○	○	○
構成力									○	○
記憶										
常識	○	○		○				○		
位置・置換				○		○	○			
模写	○	○	○	○	○	○	○	○		
巧緻性										
絵画・表現						○				
系列完成										
個別テスト										
話				○						
数量										
観察力										
言語							○	○		
推理・思考										
構成力						○				
記憶										
常識					○					
位置・置換										
巧緻性		○	○				○			
絵画・表現	○		○	○	○					
系列完成										
制作		○								
行動観察						○	○	○	○	
生活習慣							○	○		
集団テスト										
話										
観察力										
言語										
常識										
巧緻性				○	○	○				
絵画・表現				○			○	○		
制作	○			○						
行動観察	○	○	○	○	○	○			○	○
課題・自由遊び							○	○	○	○
運動・ゲーム	○	○	○	○	○	○	○	○	○	○
生活習慣										
運動テスト										
基礎運動										
指示行動										
模倣体操										
リズム運動										
ボール運動				○						
跳躍運動	○			○	○	○				
バランス運動										
連続運動	○	○								
面接										
親子面接	○	○	○	○	○	○	○	○	○	○
保護者(両親)面接										
本人面接										

※伸芽会教育研究所調査データ

小学校受験Check Sheet

　お子さんの受験を控えて、何かと不安を抱える保護者も多いかと思います。受験対策はしっかりやっていても、すべてをクリアしているとは思えないのが実状ではないでしょうか。そこで、このチェックシートをご用意しました。1つずつチェックをしながら、受験に向かっていってください。

✳ ペーパーテスト編

①お子さんは長い時間座っていることができますか。

②お子さんは長い話を根気よく聞くことができますか。

③お子さんはスムーズにプリントをめくったり、印をつけたりできますか。

④お子さんは机の上を散らかさずに作業ができますか。

✳ 個別テスト編

①お子さんは長時間立っていることができますか。

②お子さんはハキハキと大きい声で話せますか。

③お子さんは初対面の大人と話せますか。

④お子さんは自信を持ってテキパキと作業ができますか。

✳ 絵画、制作編

①お子さんは絵を描くのが好きですか。

②お家にお子さんの絵を飾っていますか。

③お子さんははさみやセロハンテープなどを使いこなせますか。

④お子さんはお家で空き箱や牛乳パックなどで制作をしたことがありますか。

✳ 行動観察編

①お子さんは初めて会ったお友達と話せますか。

②お子さんは集団の中でほかの子とかかわって遊べますか。

③お子さんは何もおもちゃがない状況で遊べますか。

④お子さんは順番を守れますか。

✳ 運動テスト編

①お子さんは運動をするときに意欲的ですか。

②お子さんは長い距離を歩いたことがありますか。

③お子さんはリズム感がありますか。

④お子さんはボール遊びが好きですか。

✳ 面接対策・子ども編

①お子さんは、ある程度の時間、きちんと座っていられますか。

②お子さんは返事が素直にできますか。

③お子さんはお父さま、お母さまと3人で行動することに慣れていますか。

④お子さんは単語でなく、文で話せますか。

✳ 面接対策・保護者（両親）編

①最近、ご家族での楽しい思い出がありますか。

②ご両親の教育方針は一致していますか。

③お父さまは、お子さんのお家での生活や幼稚園・保育園での生活をどれくらいご存じですか。

④最近タイムリーな話題、または昨今の子どもを取り巻く環境についてご両親で話をしていますか。

section
2023 湘南白百合学園小学校入試問題

■ 選抜方法

考査は1日で、受験番号順にペーパーテスト（個別形式）、個別テスト、10人単位で集団テスト、運動テストを行う。所要時間は約1時間30分。考査日前の指定日時に親子面接がある。

■ ペーパーテスト | 筆記用具は緑のクーピーペンを使用し、訂正方法は // （斜め2本線）。出題方法は音声。

1 話の記憶

「今日は、たかし君が楽しみにしていた動物園に行く日です。昨日は雨だったのに、今日はとてもよい天気です。家族みんなでバスに乗って動物園に行きました。動物園に着くと、家族みんなで写真を撮りました。最初に大人気のパンダを見ました。次にふれあい広場に行って、ハムスターを抱っこしました。そして、ウサギにキャベツとニンジンもやりました。ハムスターが一番かわいかったです。その後、ゴリラとライオンを見て、みんなでお昼ごはんのお弁当を食べました。いろいろな動物を見て楽しく過ごした後は、バスに乗ってお家に帰りました。晩ごはんを食べてからお風呂に入り、お母さんから『明日は幼稚園に行くから早起きしましょうね』と言われたので、早く寝ました」

・動物園に行った日の天気に○をつけましょう。
・動物園には何に乗って行きましたか。合うものに○をつけましょう。
・最初に見た動物に○をつけましょう。
・たかし君が餌をやった動物に○をつけましょう。

2 常識（仲間分け）

・それぞれの段で、仲間ではないものに○をつけましょう。

3 数 量

・左端のお手本と同じ数にするには、右側の四角のどれとどれを合わせるとよいですか。それぞれ選んで○をつけましょう。

4 数 量

・積み木はいくつありますか。その数だけ、四角に○をかきましょう。

5 数　量

- ネコが魚を4匹食べると、あと何匹残りますか。その数だけ、魚に×をつけましょう。
- ネズミがチーズを3つ食べると、あといくつ残りますか。その数だけ、チーズに×をつけましょう。

6 言語（しりとり）

- 左上のユリからしりとりを始めて、できるだけ長くつながるように絵を選んで線を引き、最後になる絵を□で囲みましょう。

7 言語（同頭語）

- それぞれの段で、名前が違う音から始まるものを1つ選んで○をつけましょう。

8 常　識

- 4枚の絵を順番に並べ替えたとき、3番目になる絵に□をつけましょう。

9 推理・思考（重さ比べ）

上の段がお約束です。カボチャ1個とトマト2個が、シーソーでつり合っていますね。そして、カボチャ1個とナス3本も、同じようにシーソーでつり合っています。では、下の段を見ましょう。

- 左側です。シーソーの左にカボチャを2個載せました。右にトマトを何個載せるとシーソーはつり合いますか。その数だけ、四角の中に○をかきましょう。
- 右側です。今度は、シーソーの左にナスが6本載っていますね。右にトマトを何個載せるとシーソーはつり合いますか。その数だけ、四角の中に○をかきましょう。

10 推理・思考

- 左の観覧車が回って、右のようになりました。右のゴンドラのうち、印のあるゴンドラにはどの絵がついていますか。それぞれ印の横から選んで○をつけましょう。

11 数量（分割）

- ドングリを6個ずつ袋に入れていきます。袋はいくつできますか。その数だけ、下の四角に○をかきましょう。

12 点図形

- 上のお手本と同じになるように、下にかきましょう。

個別テスト

📑 課題画

画用紙にクーピーペン（12色）で、お花畑でお友達と遊んでいるところを描く。

集団テスト

13 共同制作

4、5人ずつのグループで行う。机の上にお手本の写真、魚の輪郭がかかれた台紙（A3判程度）、三角がかかれた台紙（赤、青、黄色各複数枚）、丸がかかれた台紙（茶色、ピンク、青各複数枚）、スティックのり3本、はさみ3本、ゴミを入れる箱が用意されている。

・お手本の写真を見ながら、みんなで協力して同じように作りましょう。目の丸いところは、用意されている丸の台紙から好きな色を選んで貼ってよいですよ。切る人、貼る人など、誰が何をするか相談してから始めましょう。

📑 指示行動

太鼓のリズムに合わせて、その場で足踏み、走る、スキップを行う。テスターが「1」と言ったら石に変身する（しゃがむ）。「2」と言ったら星に変身する（両手足を広げ、両手は床に水平に広げる）。「3」と言ったら木に変身する（両手を上げて手のひらを合わせ、足を肩幅に開いて立つ）。

石（しゃがむ）　星（両手足を広げ、両手は床に水平に広げる）　木（両手を上げて手のひらを合わせ、足を肩幅に開く）

📑 集団ゲーム

4、5人ずつのチームに分かれ、縦一列に並ぶ。先頭の人から順番に、大きな穴の開いた新聞紙を頭から足へと通して次の人に送る。早く全員が終わったチームの勝ち。

📑 リズム

「さんぽ」の曲に合わせて、テスターの動きをまねしながらダンスをする。

運動テスト

縄跳び

1人1本ずつ縄跳びが用意される。指定された自分の枠の中に立ち、「やめ」と言われるまで縄跳びをする。

連続運動

後ろ向きに体操座りで待つ→呼ばれたらスタートラインに立ち、フープまで走る→フープに合わせてケンケンパーで進む→テスターから絵カードを1枚もらい、描かれた絵に応じてお約束通りにボールを箱に投げ入れる→指示された場所に移動して待つ。

※連続運動を行う前に、テスターからもらった絵カードに合わせて以下のようにするというお約束が示される。
〈約束〉
・ブドウのカード：赤いボールをライオンの箱に投げ入れる。
・バナナのカード：青いボールをワニの箱に投げ入れる。
・リンゴのカード：白いボールをゾウの箱に投げ入れる。

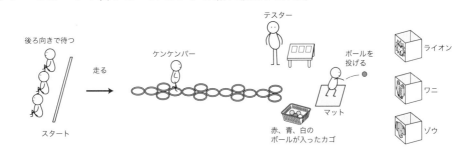

親 子 面 接

| 本 人 |

・お名前と誕生日を教えてください。
・仲よしのお友達2人の名前を教えてください。
・家族で何をして遊ぶのが楽しいですか。
・「ごめんなさい」と謝らなければいけないときは、どのようなときですか。
・積み木で遊ぼうとしたら、お友達から「駄目」と言われてしまいました。どうしますか。

父　親

・学校とご家庭の教育方針で一致している点はどこですか。

・ご家庭で大切にしている約束事は何ですか。

・お子さんが一番興味を持っていることと、それを通じて成長したと感じたことを詳しく
　教えてください。

母　親

・キリスト教と女子校について、どのように思いますか。

・子育てにおいて、ご夫婦で意見が違ったときはどうしていますか。

・最近、お子さんをほめたのはどのようなことですか。

・お子さんの成長のために、あえて干渉を控えていることは何ですか。

・お子さんが泣いて帰ってきたらどうしますか。

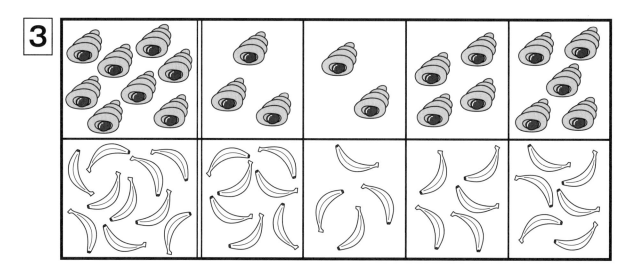

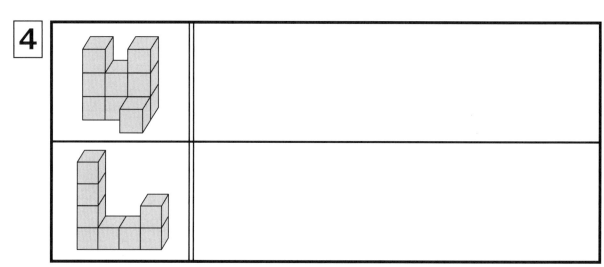

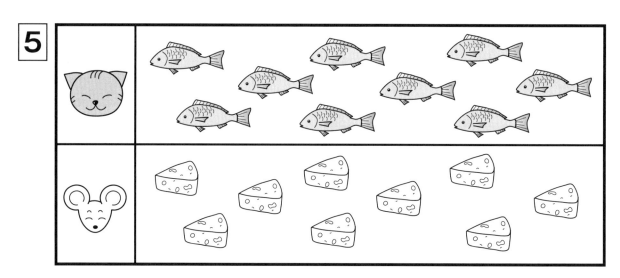

6

7

8

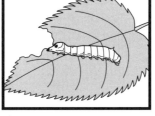

9

10

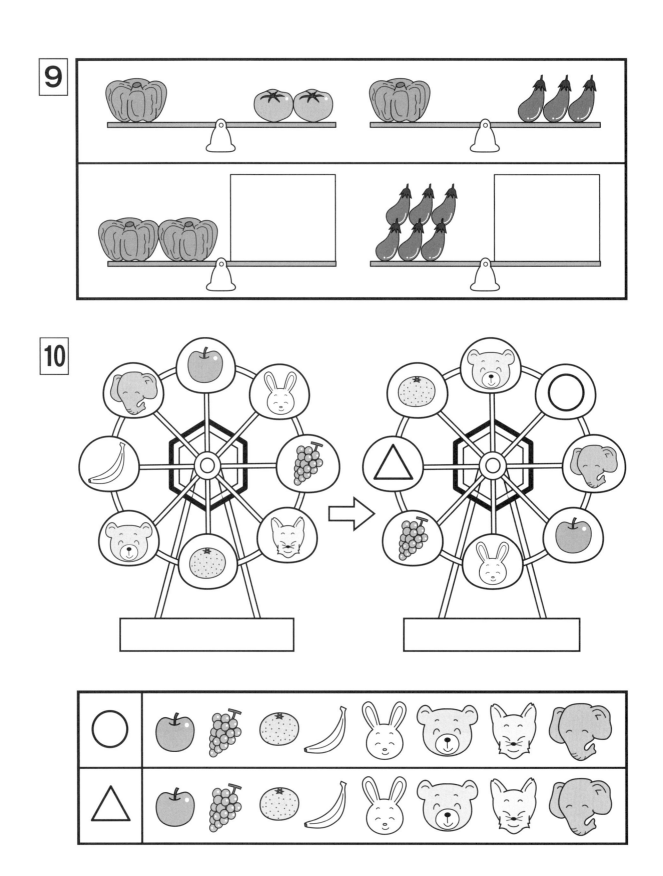

11

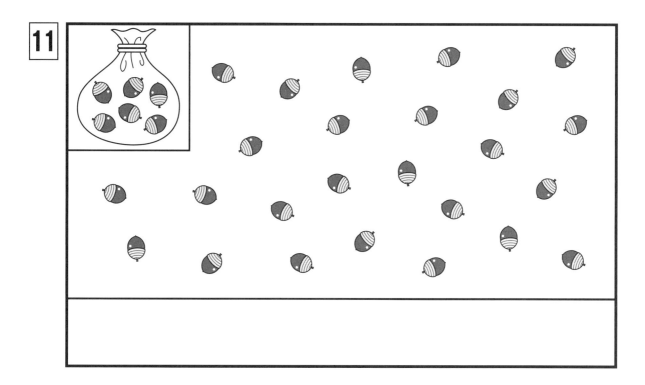

12

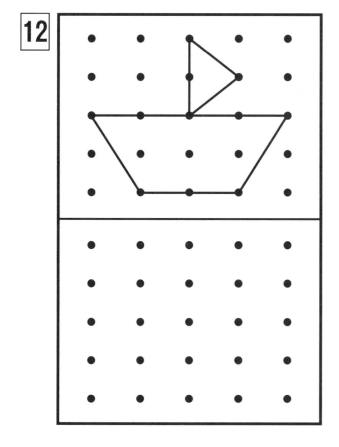

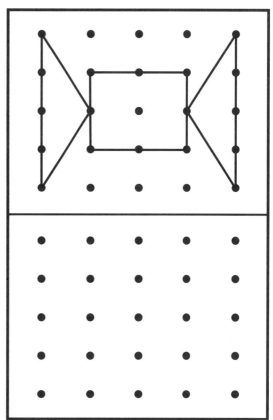

13 【お手本】

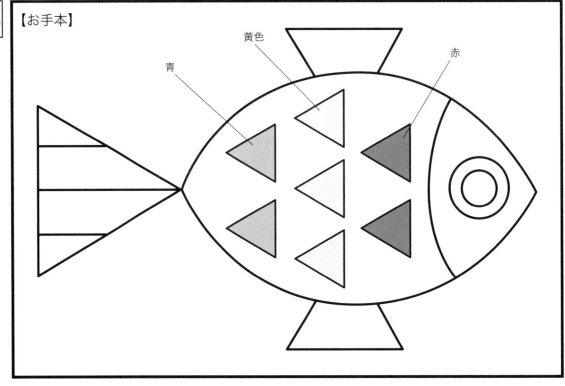

【セッティング例】

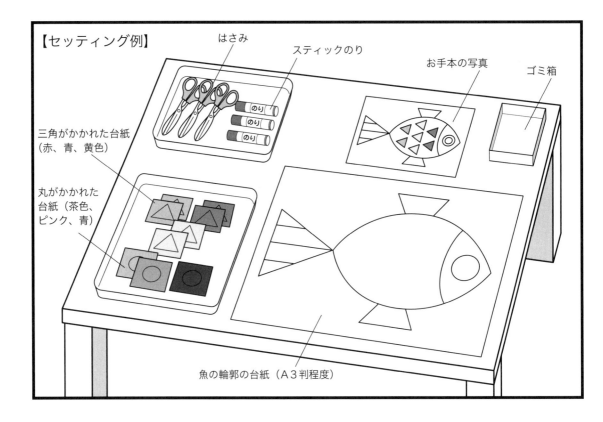

2022 湘南白百合学園小学校入試問題

選抜方法

考査は1日で、受験番号順にペーパーテスト（個別形式）、個別テスト、10人単位で集団テスト、運動テストを行う。所要時間は約1時間40分。考査日前の指定日時に親子面接がある。

ペーパーテスト

筆記用具は緑のクーピーペンを使用し、訂正方法は // （斜め2本線）。出題方法は音声。

1 話の記憶

「ウサギさんとサル君はとても仲よしです。ある日、一緒に公園に行って虫捕りをしようとしましたが、虫はまったく見つかりません。公園のベンチには、ヤギのおじいさんが座っていました。ぐったりしているおじいさんの様子を見たウサギさんとサル君が『どうしたの？』と声をかけると、『のどが渇いて動けないんじゃ』とおじいさんは言いました。『それは大変』とサル君は自分のかばんから水筒を取り出し『どうぞ』と言って、おじいさんに一口飲ませてあげました。ウサギさんは自分がかぶっていた帽子を脱いで、おじいさんにかぶせて日陰に連れていってあげました。おじいさんは『親切にしてくれてありがとう。おかげで楽になったよ。これはお礼じゃ』と言って、魔法のつぼをくれました。サル君が『カブトシよ、出ろー』と言うと、つぼの中から9匹のカブトムシが出てきました。びっくりしたウサギさんとサル君は慌てて捕まえようとしましたが、すぐに3匹が逃げてしまいました。ウサギさんとサル君は、急いで残りのカブトムシを捕まえました」

・上の段です。お話に出てこなかった動物に×をつけましょう。
・真ん中の段です。ヤギのおじいさんに水をあげた動物に○を、帽子をかぶせてあげた動物に△をつけましょう。
・下の段です。ウサギさんとサル君はどこに行きましたか。合う絵に○をつけましょう。

2 推理・思考（重さ比べ）

・上のようにシーソーがつり合っています。このお約束のとき、正しいシーソーの様子を下の四角から選んで○をつけましょう。

3 推理・思考（重さ比べ）

・シーソーで重さ比べをしたら、左側のようになりました。一番重いものを右側から選んで、それぞれ○をつけましょう。

4 数　量

・左端のお手本と同じ数にするには、右側の四角のどれとどれを合わせるとよいですか。それぞれ選んで○をつけましょう。

5 常識（仲間分け）

・それぞれの段で、仲間ではないものに○をつけましょう。

6 言語（しりとり）

・左上のカニからしりとりを始めて、できるだけ長くつないだとき、最後になるものを□で囲みましょう。

7 数　量

・左端の積み木と同じ数の積み木を、右から選んで○をつけましょう。

8 数量（対応）

・大きな四角の中のものを使って、左上のお弁当と同じものを作ります。お弁当はいくつできますか。その数だけ、下の四角に○をかきましょう。

9 数　量

・ウサギさんがケーキ屋さんでケーキを３つ買いました。お店にはいくつのケーキが残っていますか。その数だけ、ウサギさんの横の四角に○をかきましょう。

10 点図形

・左のお手本と同じになるように、右にかきましょう。

個別テスト

◼ 制作・巧緻性（オムライス作り）

オムライスの枠が印刷された台紙、六角形（黄色）、台形（赤）、ひし形（青）、三角（緑）のカードが数枚ずつ入った袋、折り紙数枚、クーピーペン（緑）、スティックのりが用意されている。台紙の枠にピッタリ入るようにカードを置き、スティックのりで台紙に貼る。枠の周りをクーピーペンで大きく囲み、お皿に見立てる。折り紙をちぎってお皿の中に貼り、つけ合わせにする。

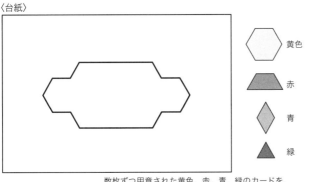

〈台紙〉

【完成例】

⬡	黄色
▱	赤
◆	青
▲	緑

数枚ずつ用意された黄色、赤、青、緑のカードを、
台紙にかかれた枠の中に置く

ピッタリ入るように置けたらスティックのりで貼り、
クーピーペンで大きく囲みお皿にする。
折り紙をちぎってお皿の中に貼り、つけ合わせにする

巧緻性

折り紙（ペールオレンジ）、1／4サイズの折り紙（オレンジ色）、クリップが用意されている。映像で2種類の折り紙の折り方を見た後、同じように折る。折った2枚を最後にクリップで留める。

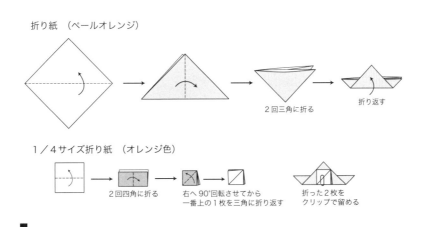

折り紙　（ペールオレンジ）

2回三角に折る

折り返す

1／4サイズ折り紙　（オレンジ色）

2回四角に折る

右へ90°回転させてから
一番上の1枚を三角に折り返す

折った2枚を
クリップで留める

集団テスト

リズム

「さんぽ」の曲に合わせて、テスターの動きをまねしながらダンスをする。

身体表現

スクリーンに映し出される海の絵を見ながら、海の生き物のまねをする。

運動テスト

🎽 連続運動

スタートからケンパーでラインまで進む→スキップで机まで進んだら上に置いてある縄跳びを取り、「やめ」と言われるまで縄跳びを続ける→テスターのところまで歩き、テスターとジャンケンをする。勝ったら赤い平均台、負けたら青い平均台、あいこのときは緑の平均台を渡る→渡り終わったら、元の場所に戻り体操座りで待つ。

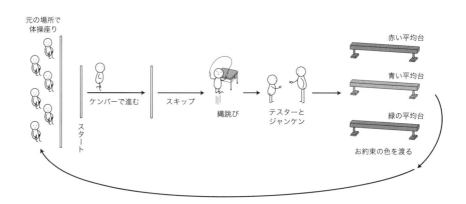

親 子 面 接

本 人

- ・お名前を教えてください。
- ・お家ではどんなお手伝いをしますか。
- ・お友達と遊ぶのと1人で遊ぶのでは、どちらが好きですか。それはどうしてですか。
- ・何かおけいこ事をしていますか。
- ・今日の朝ごはんは何を食べましたか。
- ・好きな本は何ですか。それはどんなお話ですか。
- ・幼稚園（保育園）では何をして遊びますか。
- ・お父さん（お母さん）とは何をして遊びますか。

父 親

- ・本校とご家庭の教育方針では、どのような点が共通していますか。
- ・お休みの日にはお子さんとどのように過ごされていますか。
- ・お子さんの仲よしのお友達の名前を教えてください。

母 親

- ・ご家庭の教育方針について教えてください。

・カトリックの女子校をどのように思われますか。

・子どもの教育で重要な点は何だと考えていますか。

・小学校生活を通じて、お子さんにはどのように成長してほしいですか。

1

2

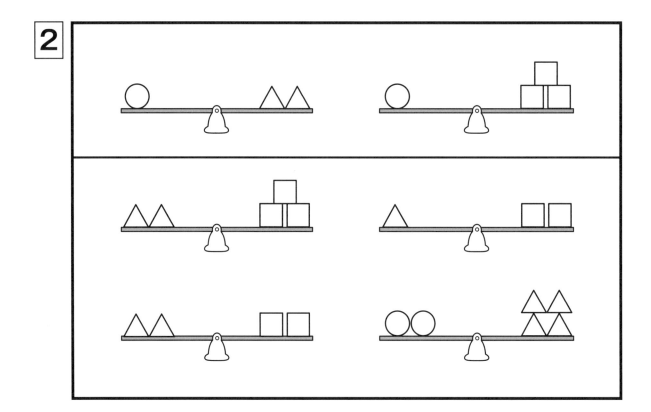

3

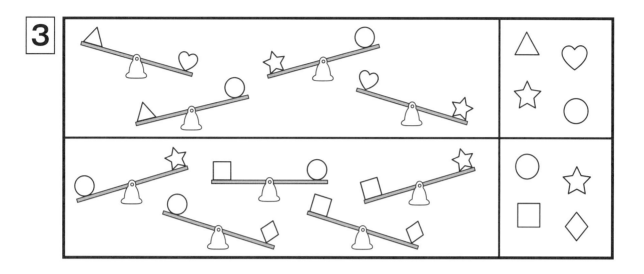

4

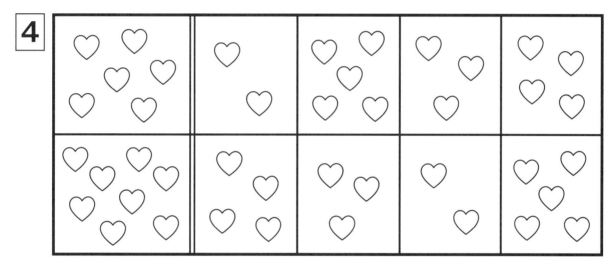

5

6

7

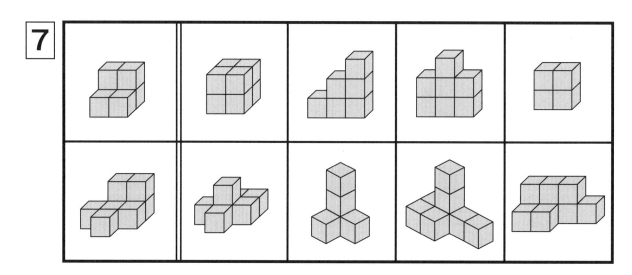

8

9

10

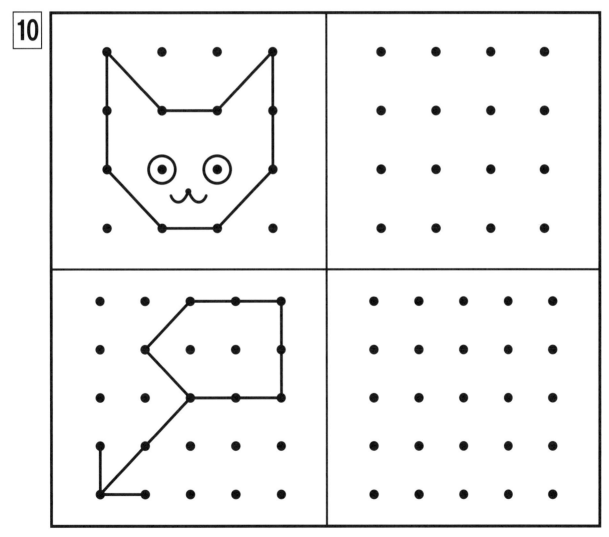

2021 湘南白百合学園小学校入試問題

■ 選抜方法

考査は1日で、受験番号順にペーパーテスト（個別形式）、個別テスト、10人単位で集団テスト、運動テストを行う。所要時間は約1時間30分。考査日前の指定日時に親子面接がある。

┃ ペーパーテスト ┃ 筆記用具は緑のクーピーペンを使用し、訂正方法は // （斜め2本線）。出題方法は音声。

1 話の記憶

「にんじん　だいこん　ごぼう」の話を聴き、質問に答える。

「にんじん、だいこん、ごぼうは、最初はみんな真っ白でした。ある日、泥んこ遊びをして体中泥だらけになってしまい、お風呂に入ることになりました。最初に入ったのはにんじんです。お湯が熱いのに我慢して湯ぶねに沈んでいたらのぼせてしまい、真っ赤になってしまいました。次に入ったのはだいこんです。お湯が熱かったので水を足して少しぬるくし、ゴシゴシ体を洗った後は、ゆっくりと湯ぶねに沈みました。そしてだいこんは元通り真っ白になりました。最後に入ったのはごぼうです。お風呂が嫌いなごぼうは、体も洗わずさっと出てしまいました。そんなごぼうの体は黒いままです。お風呂から出た3本はお布団に入ると、ぐっすりと眠ってしまいました。このときからにんじんは赤く、だいこんは白く、ごぼうは黒くなったということです」

・お風呂で体をきれいに洗ったのはどの野菜ですか。○をつけましょう。

・熱いお湯に入りのぼせてしまったのはどの野菜ですか。○をつけましょう。

・最後にお風呂に入って体を洗わなかったのはどの野菜ですか。○をつけましょう。

2 言語（しりとり）

・左上のゴリラから始めて、しりとりでできるだけ長く四角の中のものをつなぎます。そのとき最後になるものに○をつけましょう。

3 数 量

・ウサギはニンジンを6本持っていました。お友達が来たので2本あげました。残りは何本になりますか。その数だけウサギのマス目に1つずつ○をかきましょう。

・リスは木の実を10個持っていましたが、ケーキを作るのに3個使いました。木の実はいくつ余っていますか。その数だけリスのマス目に1つずつ○をかきましょう。

4 推理・思考（四方図）

・お手本の積み木を上から見ると、どのように見えますか。下の四角から選んで○をつけましょう。

5 推理・思考（重さ比べ）

・動物たちがシーソーで重さ比べをしています。一番重いのはどの動物ですか。下の四角から選んで○をつけましょう。

6 言語（同頭語）

・名前が「カ」の音から始まるものを選んで○をつけましょう。

7 観察力

・左の絵がお手本です。お手本と違うところを右側の絵から見つけて、その場所に○をつけましょう。

8 点図形

・左のお手本と同じになるように、右にかきましょう。

個別テスト

🔲 絵画（課題画）

Ｂ５判の紙に、緑のクーピーペンで男の子の絵を描く。

🔲 巧緻性

・用意された折り紙を使い、好きなものを１つ折る。
・緑の折り紙をテスターの指示通りに４回折り、16個のマス目を作る。裏返して白い方を表にし、好きなマス目３つを緑のクーピーペンで塗り、好きなマス目４つに○をかく。かいたら、全部のマス目がつながって１本になるように、折り線を互い違いにちぎる。

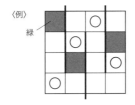

〈例〉
緑

集団テスト

■ リズム

「さんぽ」の曲に合わせて、テスターの動きをまねしながらダンスをする。

■ 指示行動

表にリンゴかブドウ、またはバナナの絵、裏にクマ、キリン、ウサギなどの動物の絵が描いてある絵カードがある。1枚をテスターから渡され、裏の動物の絵を確認したらすぐにテスターに返す。表の絵がリンゴの人は赤、ブドウの人は青、バナナの人は黄色のフープの中に入り、裏に描かれていた動物のまねをする。まねをするときには声を出さない。

■ 表現力

料理や洗濯など、いつも母親がしていることを、声を出さずにみんなで一斉にジェスチャーでまねをする。テスターに呼ばれたらスキップでそこに行き、何をしているところをまねしたのかを話す。

運動テスト

■ 縄跳び

「やめ」と言われるまで縄跳びをする。

■ 的当て

風船を的にして小さいボールを投げる。

親 子 面 接

本 人

- ・お名前を教えてください。
- ・1人で遊ぶのとお友達と遊ぶのでは、どちらが好きですか。それはどうしてですか。
- ・あなたがボールで遊び始めたらすぐにお友達が「貸して」と言ってきました。そのとき、あなたならどうしますか。
- ・お父さんとは何をして遊びますか。

・好きな本は何ですか。それはどんなお話か教えてください。

父　親

・お休みの日にはお子さんとどのように過ごされていますか。
・本校がカトリックの女子校であることについて、どのように思われますか。
・本校に入学した際には、本校の教育方針に賛同していただけますか。

母　親

・ご主人は１週間のうち、何日くらいお子さんと一緒に夕食をとることができますか。
・ご家庭での教育方針について教えてください。

1

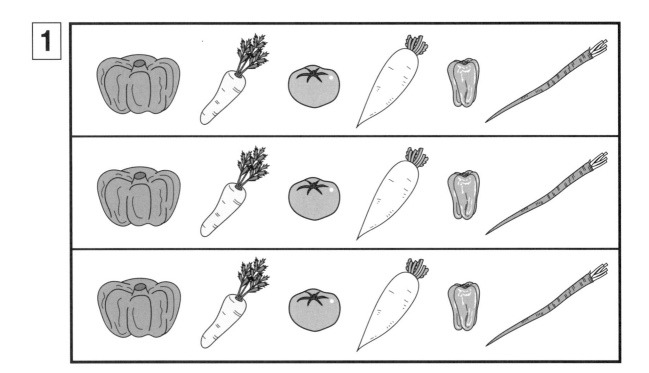

2

3

4

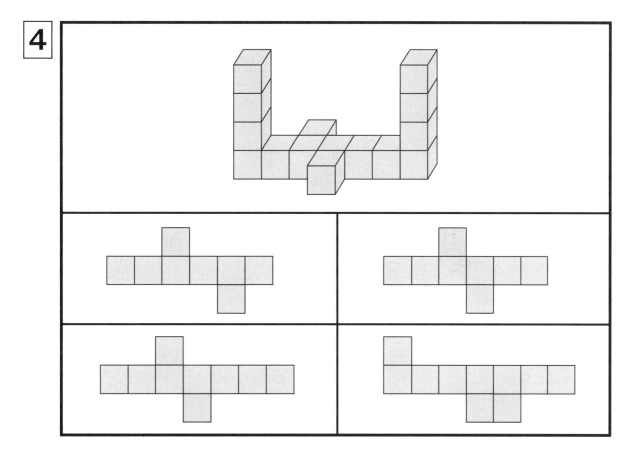

5

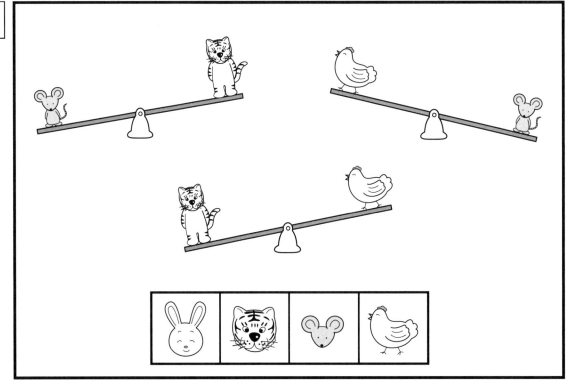

6

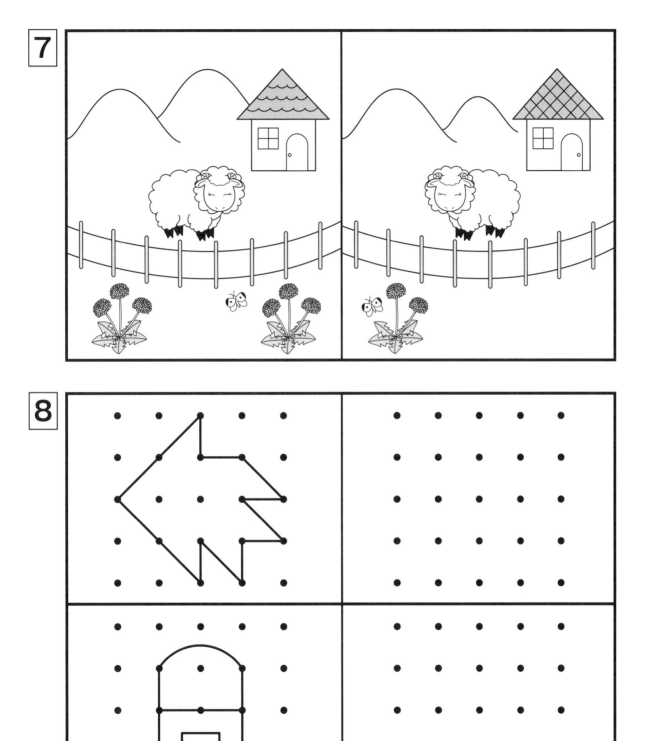

2020 湘南白百合学園小学校入試問題

選抜方法

考査は１日で、受験番号順にペーパーテスト（個別形式）、個別テスト、10人単位で集団テスト、運動テストを行う。所要時間は約１時間30分。考査日前の指定日時に親子面接がある。

ペーパーテスト

テスターとの対面形式で行われる。筆記用具は緑のクーピーペンを使用し、訂正方法は // （斜め２本線）。出題方法は話の記憶のみ音声でほかは口頭。

1 話の記憶

「ある日サル君が森の中を歩いていたら、キラキラ光る木を見つけました。サル君はキラキラ光る木から金色の実を１つ採ると、お家に持ち帰り大事に宝箱にしまいました。その日から毎日、サル君はキラキラ光る木まで行っては金色の実を１つずつ採って宝箱にしまうことに夢中になり、ついにお友達と遊ばなくなってしまいました。そんなある日、リス君とウサギさんが川のほとりを歩いていると、川の中にキラキラ光るものを見つけました。さっそくサル君にそのことを話すと、サル君は急いで川に行って水の中に飛び込みました。手を伸ばしてもう少しで光るものが取れそうになりましたが、急に川の流れが早くなってサル君は流されてしまいました。川の中の石に足をぶつけてもう少しでおぼれそうになったそのとき、引っ掛かった岩になんとかしがみつきました。そして、必死になって岩にしがみついてるサル君を、ゾウさんとウシさんが見つけました。ゾウさんは長い鼻でサル君を川から救い出して、ウシさんは背中にサル君を乗せてお家まで送ってあげました」

・サル君を助けてあげたのは、どの動物ですか。指でさしてください。
・あなたなら、おぼれかけたサル君に何と声をかけてあげますか。

2 数 量

・ハンバーグはいくつありますか。お話ししてください。
・サンドイッチはいくつありますか。お話ししてください。
・エビフライはいくつありますか。お話ししてください。
・プリンはいくつありますか。お話ししてください。
・下のお手本のようなお子様ランチは何人分できますか。お話ししてください。

3 推理・思考（比較）

・リボンがあります。一番長いものに○、一番短いものに×をつけましょう。印は右の絵

の同じ模様につけましょう。

4 数　量

・マス目の中にネコがいます。縦と横と斜めの数を合わせたらどれも6になるように、空いているマス目に○をかきましょう。右のおにぎりのマス目も同じようにやりましょう。

5 推理・思考（重さ比べ）

・果物の重さ比べをしたら、上のようになりました。左から重い順番に果物が並んでいる四角を、下から選んで○をつけましょう。

・左のお手本のように、丸2つと三角6つがつり合っています。右のように丸1つとつり合うためには、三角はいくつ載せたらよいですか。お話ししてください。

6 言語（しりとり）

・左上のスミレから右下のワニまで、しりとりでつながるように絵を選んで線でつなぎましょう。

7 常識（仲間分け）

・それぞれの四角の中で、仲間ではないものに×をつけましょう。

8 位置の移動

・丸から左に2つ、下に4つ、右に1つ進んだところに△をかきましょう。

・バツから上に3つ、右に3つ、下に5つ、左に1つ進んだところに□をかきましょう。

9 言　語

・上の四角のものの初めの音をつなげると、何になりますか。合うものを下から選んで、点と点を線で結びましょう。

10 観察力

・上の絵と下の絵で、違っているところに○をつけましょう。印は下の絵につけてください。

11 推理・思考（四方図）

・女の子の方から机の上の積み木を見ると、どのように見えますか。合うものに○をつけましょう。

12 点図形

・左のお手本と同じになるように、右にかきましょう。

個別テスト

13 お話作り

・4枚の絵カードをお話の順番になるように並べ、指でさしながらお話ししてください。

絵画（課題画）

B5判の紙に、緑のクーピーペンで男の人の絵を描く。

集団テスト

巧緻性

折り紙を1枚渡される。テスターのお手本と同じになるように折る。

集団ゲーム

2つのチームに分かれて、ドンジャンケンを行う。

リズム

「さんぽ」の曲に合わせて、テスターの動きをまねしながらダンスをする。

指示行動

床に赤、青、黄色でそれぞれはしご状に線が引かれ、その先の机の上には動物の絵カードがたくさん用意されている。テスターとジャンケンをして、勝ったら赤、負けたら青、あいこのときは黄色のはしごをそれぞれグー、グーパー、ケンケンで跳びながら進んで机のところまで行く。机の上の絵カードを1枚取ったらコーンのところに並び、1人ずつ呼ばれてなぜそのカードを選んだのかをテスターに話す。

行動観察

お友達と協力して、用意されたドミノを大きな円形に並べてドミノ倒しをする。

共同絵画

グループのお友達と一緒に、用意された1枚の画用紙にクーピーペンで好きな絵を描く。

共同制作

丸、三角、星、四角のかかれた大小の紙が入っている箱、画用紙、セロハンテープ、つぼのり、はさみが用意されている。お友達と協力して、丸、三角、星、四角のかかれた大小の紙からはさみで形を切り取り、画用紙につぼのりかセロハンテープで貼り、好きなものの形を作る。

運動テスト

縄跳び

「やめ」と言われるまで縄跳びをする。

親 子 面 接

本 人

- ・お名前、生年月日、年齢を教えてください。
- ・今日電車に乗った駅と降りた駅の名前を教えてください。
- ・幼稚園（保育園）のお友達の名前を３人教えてください。
- ・昨日の夕ごはんは何でしたか。
- ・夕ごはんのおかずの材料は何ですか。
- ・お母さんの作ってくださるお料理で好きなものは何ですか。
- ・好きな食べ物と嫌いな食べ物を教えてください。
- ・最近はどのようなお手伝いをしていますか。

生活習慣

- ・（乾いたタオルを渡されて）ぞうきんのように絞ってください。

父 親

- ・お仕事の内容を教えてください。
- ・ご両親から受け継いだことで、一番印象に残っていることを教えてください。
- ・ご家族で大切にしていることは何ですか。
- ・休日はお子さんとどのように過ごしますか。
- ・本校のパンフレットをご覧になってどのように感じましたか。

母　親

・ご家庭の教育方針について教えてください。
・受験を通じてお子さんについて感じることは何ですか。
・本校に期待することは何ですか。
・幼稚園（保育園）の話をお子さんから聞くとき、どのようなことに気をつけますか。

面接資料／アンケート

出願時に出願時添付書（面接資料）を提出する。以下のような項目がある。

・受験者の氏名、生年月日、現住所、経歴。
・保護者の氏名、受験者との続柄、現住所、電話番号。
・家族構成、氏名、年齢、受験者との続柄。
・緊急連絡先。
・通学経路と所要時間。
※本人写真を貼付する。

1

2

3

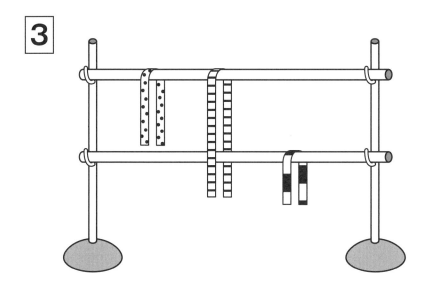 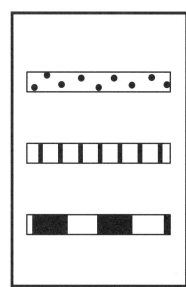

4

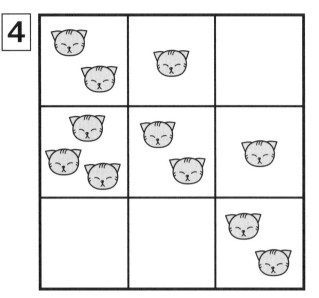 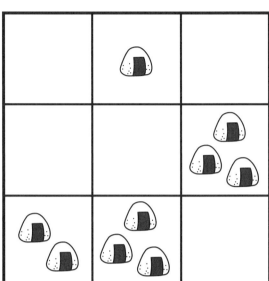

5

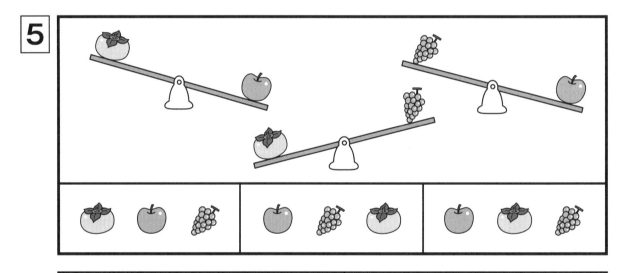

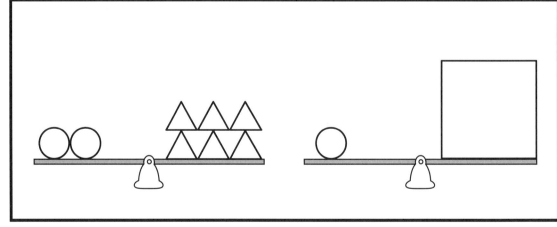

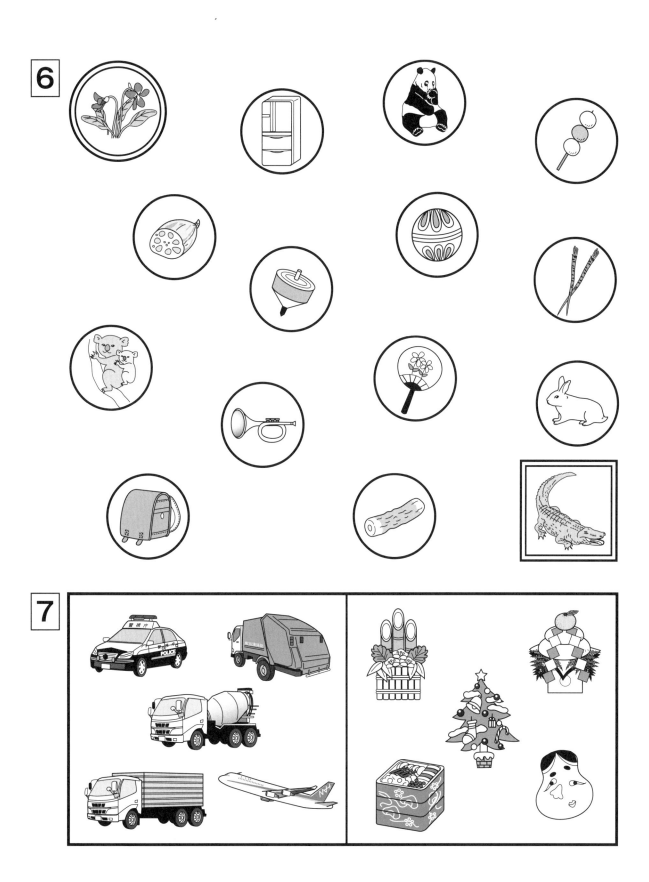

8

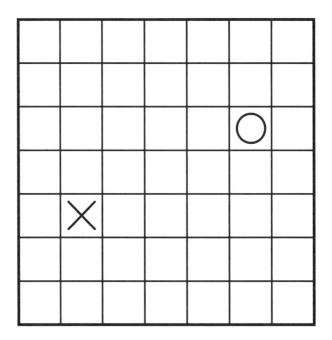

9

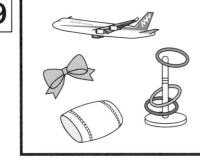 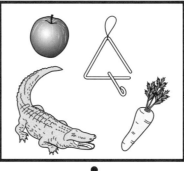 

●   ●   ●

●   ●   ●   ●

11

12

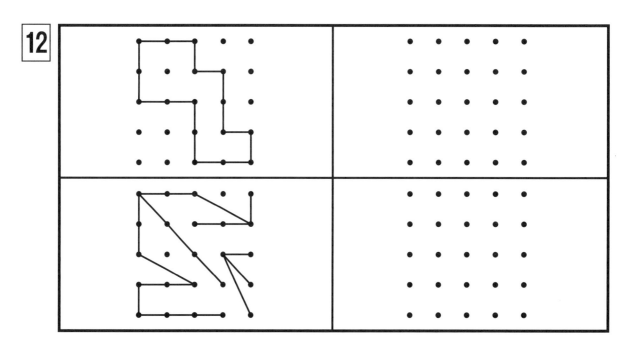

13

section 2019 湘南白百合学園小学校入試問題

■ 選抜方法

考査は1日で、受験番号順にペーパーテスト（個別形式）、個別テスト、10人単位で集団テスト、運動テストを行う。所要時間は約1時間20分。考査日前の指定日時に親子面接がある。

❚ ペーパーテスト

テスターとの対面形式で行われる。筆記用具は緑のクーピーペンを使用し、訂正方法は //（斜め2本線）。出題方法は話の記憶のみ音声でほかは口頭。

🖿 話の記憶

「白ウサギのルルには仲よしの弟が1匹います。ある日、その弟が熱を出して寝込んでしまいました。ルルが神様に『弟の病気が早くよくなりますように』とお願いをしていると、どこからか『山のほとりの泉の水には、一口飲むとどのような病気でもすぐに治るという不思議な力がある』という声が聞こえてきました。ルルはさっそくその泉に行ってみることにしました。お家を出て森の中を歩いていると、1匹のヘビに出会いました。ヘビは『ここは通さないぞ』と飛び掛かってきましたが、ルルも右へ左へとジャンプしてよけて、何とか逃げることができました。さらにどんどん歩いていくと、川に出ました。川にはワニがいて、『ここは通さないぞ』と大きな口を開いてルルを食べようとしました。ルルは驚いて、ピョンとジャンプをしてワニを跳び越え、一目散に走って逃げました。どんどん走っていくと、目の前に大きな洞窟が現れました。恐る恐る中に入ってみると、その洞窟は抜け穴になっていて、泉へと通じていました。ルルが泉に近づいていくと、星の女神様が現れました。女神様に弟の話をすると、『それは大変ね。この水を持っていき、弟に飲ませてあげなさい。きっとすぐによくなることでしょう』と言って泉の水をくれました。ルルはその水を大切にお家に持って帰ると、さっそく弟に飲ませてあげました。星の女神様の言う通り、弟の熱はあっという間に下がって、2匹はいつまでも仲よく暮らしたそうですよ」

口頭で答える。

・ルルに泉の水をくれたのは誰ですか。
・ルルが最初に出会ったのは誰ですか。
・川にいたのは誰ですか。
・ヘビとワニはルルに何と言いましたか。
・熱が下がった弟はルルに何と言ったと思いますか。

1 数 量

口頭で答える。

・持っている風船の数を同じにするには、女の子から男の子にいくつ渡せばよいですか。

2 数量（対応）

口頭で答える。

・上の四角の子どもが1人1本ずつ傘を使うと、傘はいくつ余りますか。

・上の四角の子どもがそれぞれ長靴を履くと、長靴は何足余りますか。

3 数 量

口頭で答える。

・ウサギの風船が3つ飛んでいきました。その後、クマが1つ風船をくれました。今、ウサギは風船をいくつ持っていますか。

・ウサギとクマが同じ色の風船を同じ数だけ持つには、どの動物から動物へ何色の風船をいくつ渡せばよいですか。お話ししてください。

4 数 量

口頭で答える。

・卵が10個あります。4個使うと何個残りますか。

・残った卵で玉子焼きを作ります。1個の玉子焼きを作るのに卵を2個使うと、玉子焼きは何個できますか。

5 推理・思考（比較）

・マス目の中に黒く塗ったところがいくつかあります。この中で黒いところが一番広いのはどれですか。指でさしてください。

6 推理・思考（四方図）

・左の積み木を上から見ると、どのように見えますか。右の四角の中から選んで指でさしてください。

7 推理・思考（重さ比べ）

・上の四角がお約束です。お約束のようにシーソーがつり合っているとき、下の四角のように果物を載せるとシーソーはどうなりますか。シーソーの下がる方を、それぞれ指でさしてください。

8 推理・思考（対称図形）

・左のように点線で折り紙を折り、太い線のところを切って広げるとどのようになります

か。右から選んで指でさしてください。

9 点図形

・左のお手本と同じになるように、右にかきましょう。

個別テスト

常　識

・4枚の絵カードを、生き物の成長の順番になるように左から並べましょう。

絵画（課題画）

B5判の紙に、緑のクーピーペンで男の人の絵を描く。

集団テスト

巧緻性

折り紙を1枚渡される。テスターのお手本と同じになるように折る。

10 巧緻性

線がかかれたB6判の青い台紙、丸、星、三角、四角のかかれた小さな紙が入った箱、つぼのり、セロハンテープ、はさみが用意されている。
・台紙を線の通りにちぎる。
・箱の中から丸、星、三角、四角のかかれた小さな紙を全種類取ってくる(何枚でもよい)。
・小さな紙にかかれた形をはさみで切り取り、ちぎった青い台紙の好きなところにのりで貼る。貼り終わったら、テスターが持っている棒にセロハンテープで留める。

集団ゲーム

2つのチームに分かれて、ドンジャンケンを行う。

リズム

「さんぽ」の曲に合わせて、テスターの動きをまねしながらダンスをする。

指示行動

机の上に食べ物、花の絵カードがたくさん用意されている。テスターとジャンケンをして、

勝ったら食べ物、負けたら花の絵カードを取りに行き、絵カードを取ったらコーンのところに並ぶ。あいこのときは勝ち負けが決まるまでジャンケンをする。1人ずつ呼ばれて、なぜそのカードを選んだのかをテスターに話す。

運動テスト

🔲 縄跳び

「やめ」と言われるまで縄跳びをする。

親 子 面 接

本 人

- ・お名前、生年月日、住所を教えてください。
- ・今日の朝ごはんは誰と食べましたか。
- ・お誕生日にもらったものは何ですか。
- ・幼稚園（保育園）の名前と、楽しかったことを詳しく教えてください。
- ・お友達から何か借りたとき、あなたは何といいますか。
- ・お父さんにほめるられるのはどのようなときですか。
- ・お母さんにほめるられるのはどのようなときですか。
- ・お家では何をして遊ぶのが好きですか。それはどうしてですか。
- ・駅のホームで、黄色い線の内側を歩かなくてはいけないのはなぜか知っていますか。
- ・道路で気をつけるのはどのようなことですか。
- ・横断歩道を歩くときに気をつけることは何ですか。
- ・一寸法師に出てくるのは何ですか。教えてください。
- ・浦島太郎に出てくるのは何ですか。教えてください。
- ・おむすびころりんに出てくるのは何ですか。教えてください。
- ・かぐや姫に出てくるのは何ですか。教えてください。

🔲 巧緻性

- ・お家の方と一緒に、お手本と同じように箱にリボンをかけてチョウ結びにしてください。

父 親

- ・志望理由をお聞かせください。

・お仕事の内容を教えてください。

・奥さまの子育てについてどのように思いますか。

・現在、お子さんについて心配なことはありますか。

・子育てで大切にしていることは何ですか。

母　親

・ご家庭の教育方針を教えてください。

・ご主人のしつけについてどのように思いますか。

・ご主人の子育てについて見習うことは何ですか。

・子育てで困っていることは何ですか。

・ご家庭での学習で、気をつけていることや大切にしていることを教えてください。

・学習習慣はどのようにしたら身につくと思いますか。

・お母さま同士のＳＮＳの利用についてどうお考えですか。

面接資料／アンケート

出願時に出願時添付書（面接資料）を提出する。以下のような項目がある。

・受験者の氏名、生年月日、現住所、経歴。

・保護者の氏名、受験者との続柄、現住所、電話番号。

・家族構成、氏名、年齢、受験者との続柄。

・緊急連絡先。

・通学経路と所要時間。

※本人写真を貼付する。

1

2

3

4

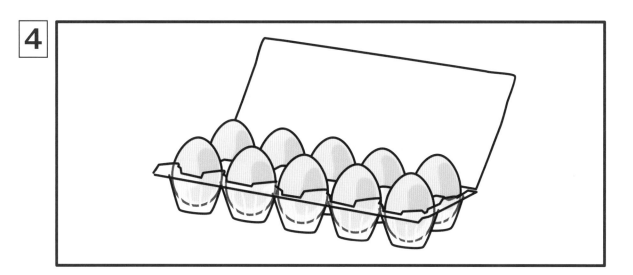

5

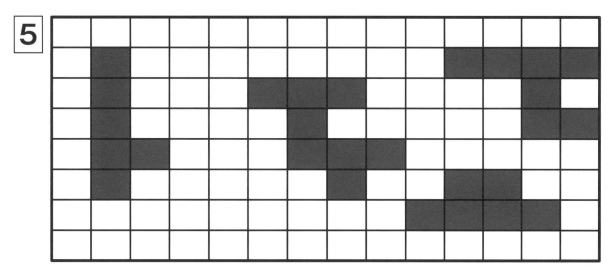

6

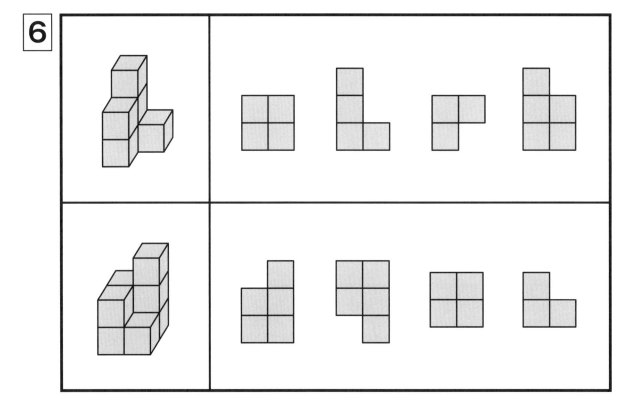

7

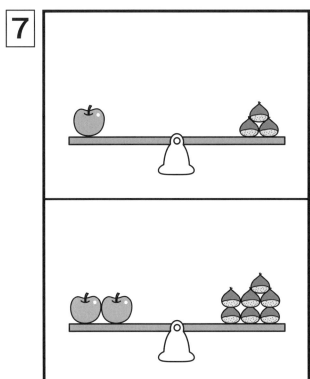

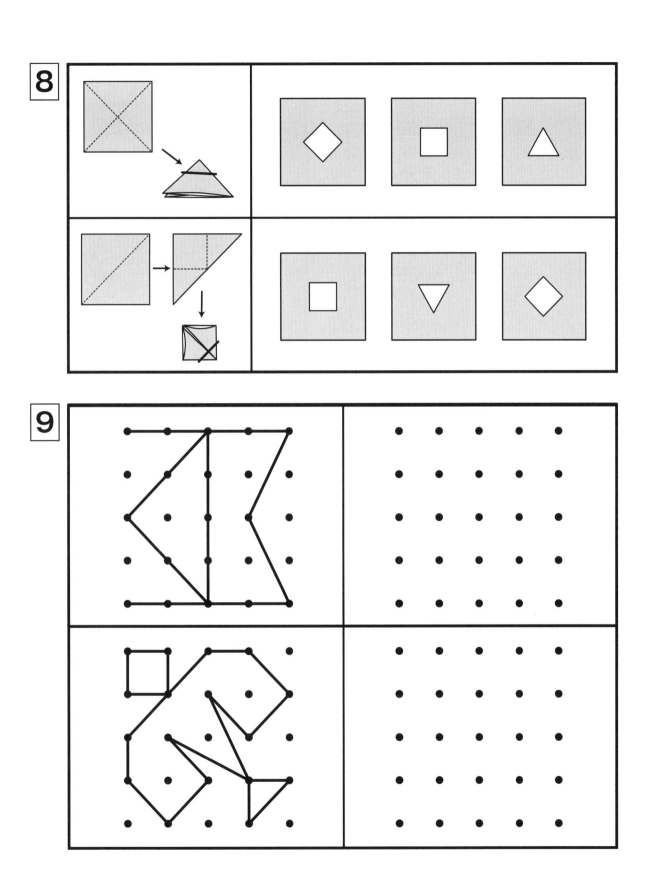

10

【完成図】

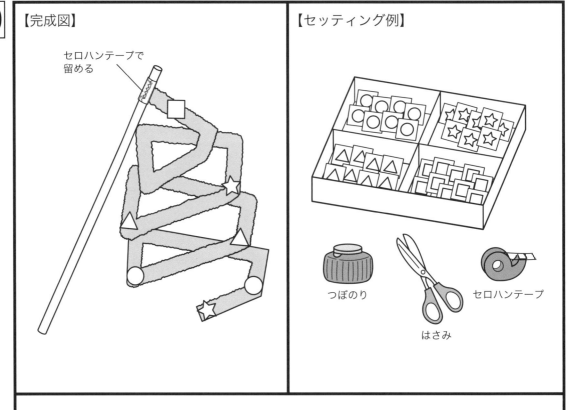

セロハンテープで
留める

【セッティング例】

つぼのり

はさみ

セロハンテープ

〈台紙〉B6判 青

2018

section
2018 湘南白百合学園小学校入試問題

■ 選抜方法

考査は1日で、受験番号順にペーパーテスト（個別形式）、個別テスト、10人単位で集団テストを行う。
所要時間は約50分。考査日前の指定日時に親子面接がある。

■ ペーパーテスト

テスターとの対面形式で行われる。筆記用具は緑のクーピーペンを使用し、訂正方法は指定なし。出題方法は話の記憶のみ音声でほかは口頭。

1 話の記憶

「ネコのミーちゃんは、お母さんから『おばあちゃんが風邪を引いてしまったみたいなの』と聞きました。『おばあちゃん、だいじょうぶかしら。そうだ、お見舞いにお花を持っていきましょう』と言って、ミーちゃんはお庭のお花を摘んで作った花束を持ってお家を出ました。おばあちゃんのお家にはいつも電車で向かいます。ミーちゃんはおばあちゃんのことが心配だったので、駅に向かって急いで歩いていきました。すると、ライオンのおじいさんにドン！　とぶつかってしまいました。ミーちゃんは『ごめんなさい』とすぐに謝りましたが、ライオンのおじいさんはミーちゃんの方をじろっとにらむだけで、何も言わずに行ってしまいました。そして、ミーちゃんはぶつかった拍子に花束を落としてしまい、お花がバラバラに散らばってしまいました。『どうしよう』と困っていると、キリンさんが通りかかりました。ところが、キリンさんはミーちゃんのことなんて気にもせず、知らんぷり。そのまま通り過ぎていってしまいました。次にカバ君が通りかかりました。ところがカバ君も急いでいる様子で、ミーちゃんのことなんて気にもせずに知らんぷり。通り過ぎていってしまいました。ミーちゃんは落ちたお花を1本ずつ拾いながら、少し悲しい気持ちになりました。そこへネズミ君がやって来て、『どうしたの？』と優しい声でミーちゃんに話しかけてくれました。ミーちゃんが『花束が落ちて、お花がバラバラになってしまったの』と言うと、ネズミ君は『それは大変だったね。僕にまかせて』と言うと、あっという間にお花を全部拾って花束を作り、渡してくれました。ミーちゃんはとてもうれしい気持ちになって大きな声で『ありがとう』と言いました」

・ミーちゃんとぶつかったのはどの動物ですか。指でさしてください。
・知らんぷりをしたのはどの動物ですか。指でさしてください。
・助けてくれたのはどの動物ですか。指でさしてください。

2 話の理解

・帽子をかぶっているのがたろう君です。たろう君とはなこさんとじろう君がかけっこをしました。じろう君ははなこさんより速く、たろう君ははなこさんより遅かったです。では、一番速いのは誰ですか。指でさしてください。

・ラクダのお家よりブタのお家の方が駅に近いです。ウマのお家よりブタのお家の方が駅に近いです。では、駅に一番近いのはどの動物のお家ですか。指でさしてください。

3 数量（分割）

口頭で答える。

・左にいるサルが右にあるバナナを仲よく食べるには、いくつずつ分けるとよいですか。

4 数　量

・鳥とチョウチョを左の数にするには、右のどれとどれを合わせればよいですか。指でさしてください。

5 数　量

口頭で答える。

・バスにお客さんが4匹乗っています。次のバス停で2匹乗ってきました。では、今お客さんは何匹乗っていますか。

・その次のバス停でお客さんがまた3匹乗りました。では、今お客さんは何匹乗っていますか。

6 推理・思考（比較）

・一番高いところにいる人は誰ですか。指でさしてください。

・2番目に低いところにいる人は誰ですか。指でさしてください。

7 推理・思考（重ね図形）

・透き通った紙に描かれた左側の2つの絵をそのまま重ねると、右側のどれになりますか。指でさしてください。

8 推理・思考（重さ比べ）

口頭で答える。

・左側を見てください。この中で一番重いものはどれですか。

・右側を見てください。この中で一番軽いものはどれですか。

9 言語（しりとり）

・左上の丸から右下の四角までしりとりでつながるように、順番に指でさしてください。

10 点図形

・上のお手本と同じになるように、下にかきましょう。

11 位 置

（上）

リンゴは上から3段目で右から3つ目のマス目にありますね。

・上から5段目で左から3つ目のマス目に×をかきましょう。

・下から4段目で右から6つ目のマス目に△をかきましょう。

・リンゴから下に3つ、右に2つ進んだマス目に○をかきましょう。

（下）

ゾウは上から2段目で左から3つ目のマス目にいますね。

・上から5段目で右から4つ目のマス目にいるのはどの動物ですか。指でさしてください。

・上から4段目で右から3つ目のマス目はどこですか。指でさしてください。

◼️ 絵画（課題画）

B5判の紙と鉛筆が用意されている。

・男の子を描きましょう。頭からつま先まで描いてください。

▌ 個別テスト ▌

◼️ ジャンケン遊び

石、はさみ、紙が描かれたペープサートが用意されている。

・先生が出すジャンケンの手に勝つものを上に挙げてください。

3つのペープサート

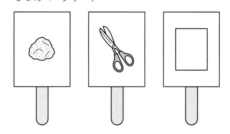

◼️ 構 成

正三角形のパターンブロックが用意されている。

・ブロックを4つ使って三角形を作りましょう。

・ブロックを6つ使って六角形を作りましょう。

集団テスト

集団ゲーム

2つのチームに分かれて、ドンジャンケンを行う。

指示行動

机の上に果物、動物、花の絵カードがたくさん用意されている。色のついたカゴを持ちテスターと1人ずつジャンケンをし、勝ったら果物、負けたら動物、あいこなら花の絵カードを1枚取る。取った絵カードに描かれたものの名前の音と同じ数だけ、別の机にあるピンポン球を取ってカゴに入れる。カゴを同じ色の紙が貼ってある場所に置いたらコーンのところへ行き、体操座りで並んで待つ。

リズム

「さんぽ」の曲に合わせて、テスターの動きをまねしながらダンスをする。

巧緻性

低いテーブルの前で床に正座して行う。チョウチョなど、テスターのお手本通りに折り紙を折る。

親 子 面 接

本 人

・お名前、お誕生日を教えてください。
・住所と電話番号を教えてください。
・お父さんとお母さんの名前を教えてください。
・幼稚園（保育園）で仲のよいお友達3人の名前を教えてください。
・そのお友達とどのように仲よくしていますか。
・お父さん、お母さんと一緒に電車に乗ったとき、席が1つだけ空いていたら誰が座りますか。
・（カゴに入っている実物の野菜を見せて）この中で、あなたが知っている野菜を教えてください（オクラ、アスパラガス、ミニトマト、コマツナ、ゴーヤ、レンコン、カブ、キュウリ、ピーマン、ジャガイモ、サツマイモなど）。
・（カゴの中から6種類程度の野菜を出して）この野菜を使って、お母さん（お父さん）

　に何かお料理をお願いしてください。

・お父さんの面白いところはどこですか。

父　親

・お仕事の内容を教えてください。

・志望理由をお聞かせください。

・ご家庭での教育方針をお聞かせください。

・この1年でお子さんはどのように変わりましたか。

母　親

・本校をどのようにしてお知りになりましたか。

・本校の印象についてお話しください。

・幼稚園（保育園）でのお子さんの様子はどのようだと聞いていますか。

・お子さんが何かを途中でやめてしまった場合、どのように対処しますか。

面接資料／アンケート

出願時に出願時添付書（面接資料）を提出する。以下のような項目がある。

・受験者の氏名、生年月日、現住所、経歴。

・保護者の氏名、受験者との続柄、現住所、電話番号。

・家族構成、氏名、年齢、受験者との続柄。

・緊急連絡先。

・通学経路と所要時間。

※本人写真を貼付する。

1

2

3

4

5

6

7

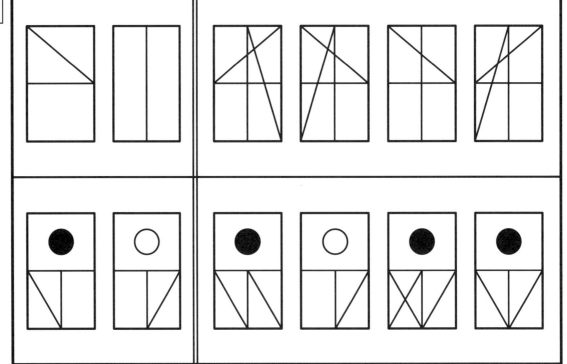

8

9

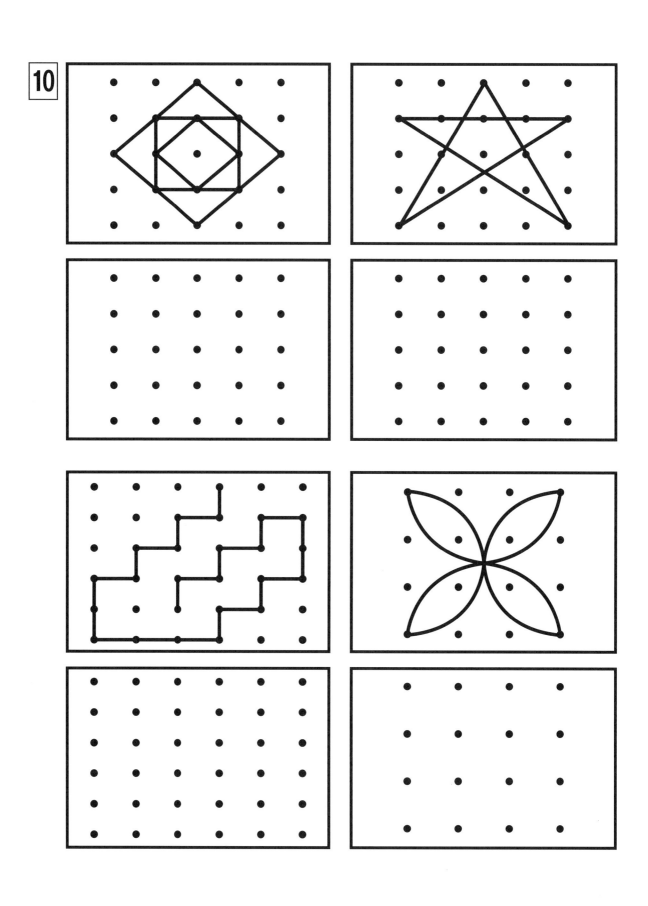

11

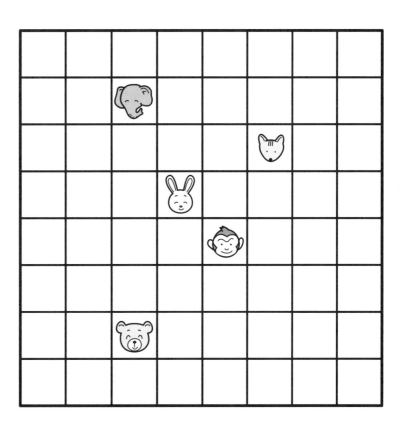

2017 湘南白百合学園小学校入試問題

■ 選抜方法

考査は1日で、受験番号順に約4人単位でペーパーテスト、20人単位で集団テストを行う。また、行動観察（集団テスト）中に個別テストがある。所要時間は約1時間40分。考査日前の指定日時に親子面接がある。

┃ ペーパーテスト ┃ 筆記用具は緑のクーピーペンを使用し、訂正方法は // （斜め2本線）。出題方法はCD。

1 話の記憶

「ここはいろいろな動物たちが楽しく暮らしている動物村です。ある日ネズミさんとウサギさんとクマ君とタヌキさんが公園で遊んでいると、イヌのおじいさんがやって来ました。イヌのおじいさんはみんなに『きれいなお花が咲く種をあげよう。大切に育ててあげてね』と種をくれました。みんなは『ありがとう、おじいさん』と答えると、さっそく種をまくためにお家に帰ることにしました。慌てん坊のウサギさんは、走ってお家に帰る途中で転んで種をなくしてしまいました。あちこち探してみましたが種は見つからず、泣きながらお家に帰りました。クマ君は種をお家の庭にまきましたが、土が固いうえにお水をあげるのを忘れてしまったので、咲いたのは小さなお花でした。ネズミさんは種をなくさないようにポケットに入れてお家に帰り、大事に棚の中にしまいました。タヌキさんはお家の庭にある花壇に種をまきました。花壇はフカフカの土で、まいた種にはたくさんお水をあげました。お日様もよく当たったので、それはそれは大きくきれいなお花が咲きました」

・1段目です。種をくれた動物に○をつけましょう。
・2段目です。種をもらった動物全部に○をつけましょう。
・3段目です。クマ君の種はどうなりましたか。お話と合う絵に○をつけましょう。

2 数 量

・左の四角の中の男の子と女の子の持っているアメを合わせるといくつになりますか。その数だけ絵の横に○をかきましょう。

3 数 量

・上の四角の中に、おにぎりやソーセージ、ブロッコリーがあります。それぞれいくつありますか。その数だけ絵の横に○をかきましょう。

・上の四角の中のものを使って、一番下の段の左にあるお弁当と同じものを作ります。お弁当は何人分できますか。その数だけお弁当の横に○をかきましょう。

4 数量（対応）

4人の子どもの絵がある。

・1人1本ずつ傘を持つと、傘はいくつ余りますか。余る数だけ絵に×をつけましょう。

・1人1足ずつ長靴を履くと、長靴はいくつ余りますか。余る数だけ絵に×をつけましょう。

5 数 量

・ヤギは2本、ウサギは1本、ウマは3本のニンジンを食べます。では、下の2つの四角のように動物がいるとき、ニンジンが多く必要なのはどちらですか。多い方の四角の下にある小さな四角に○をかきましょう。

6 推理・思考（絵の順番）

・それぞれの段の絵を順番になるように並べたとき、3番目になる絵はどれですか。その絵の下に○をかきましょう。

7 位 置

・上から2段目で右から3つ目のマス目に○をかきましょう。

・上から4段目で右から5つ目のマス目に□をかきましょう。

・下から2段目で左から4つ目のマス目に×をかきましょう。

8 数 量

・公園でイヌが7匹遊んでいます。3匹お家に帰りました。今、公園には何匹のイヌがいますか。その数だけ左の四角に○をかきましょう。

・プールでネコが8匹遊んでいます。5匹お家に帰り、2匹遊びに来ました。今、プールには何匹のネコがいますか。その数だけ右の四角に○をかきましょう。

9 推理・思考（重さ比べ）

・上の四角の中の絵がお手本です。お手本のようにシーソーがつり合っているとき、下の絵のように果物を載せるとシーソーはどうなりますか。シーソーが下がる方にそれぞれ○をつけましょう。つり合うときはシーソーの真ん中に○をつけてください。

10 推理・思考（回転図形）

・左の絵をくるっと逆さまにすると、絵はどのようになりますか。右の絵の足りないとこ

ろを描きましょう。

11 言語（同頭語・同尾語）

- 名前が「タ」の音から始まるものを3つ見つけて○をつけましょう。
- 名前が「イ」の音で終わるものを2つ見つけて×をつけましょう。

12 言語（しりとり）

- 左上の太い丸の絵から右下の三角の絵まで、しりとりでつながるように線で結びましょう。

13 観察力（同図形発見）

- 左端の絵と同じ絵を、右から選んで○をつけましょう。

14 点図形

- 左のお手本と同じになるように、右にかきましょう。

集団テスト

集団ゲーム

- 2つのチームに分かれて、ドンジャンケンを行う。
- 果物、動物、花の絵カードがたくさん用意されている。テスターとジャンケンをして、勝ったら花、負けたら果物、あいこなら動物の絵カードを取り、それぞれの絵カードと同じ色の箱に入れる。

自由遊び

風船、的当て、おままごとセット、輪投げ、ケン玉、お手玉、でんでん太鼓などのコーナーがあり、自由に遊ぶ。

リズム

「さんぽ」の曲に合わせてテスターの動きをまねしながらダンスをする。

絵画（課題画）

鉛筆を使用する。
- B5判の紙に男の人の絵を描く。描けたら裏に好きな絵を描く。

個別テスト

指示行動・言語

集団テスト中に5人ずつ別室に呼ばれ、1人ずつ靴を脱いでシートに上がる。縄跳び、クマのぬいぐるみ、歯ブラシ、お花、コップ、鏡、ボールなどが少し離れた机の上に置かれている。

・机の上から好きなものを1つ持ってきてください。（持ってきたものを先生に渡す）なぜ、これを持ってきたのか教えてください。

生活習慣

大きさの異なる3枚のハンカチと箱が机の上に用意されている。

・ハンカチをたたんで箱の中にしまってください。

巧緻性

折り紙を1枚渡される。

・先生のお手本の通りに折りましょう。

親 子 面 接

本 人

・お名前、お誕生日を教えてください。
・幼稚園（保育園）の名前を教えてください。幼稚園（保育園）では何をして遊ぶのが好きですか。
・幼稚園（保育園）までは誰とどのようにして行きますか。
・お父さんはお休みの日に何をしていますか。
・最近、お母さんにどのようなことでほめられましたか。
・お母さんに何かお願いしたいことはありますか。今、お願いしてみてください。
・悪いことをしているお友達がいたらどうしますか。
・道路でしてはいけないことを2つ教えてください。

父 親

・お仕事の内容を教えてください。
・志望理由とご家庭の方針について教えてください。

・通われている幼稚園（保育園）のよいところを教えてください。

・お子さんと奥さまの関係は、お父さまからご覧になっていかがですか。

・お子さんとのお時間はどのように作っていらっしゃいますか。

母　親

・公開授業や説明会に参加されましたか。どのような点に注目してご覧になりましたか。
　よかったところなどがありましたら教えてください。

・今通われている幼稚園（保育園）のご感想はいかがですか。

・お子さんと2人で外出する際に気をつけていることを教えてください。

・いじめについてどうお考えですか。

面接資料／アンケート

出願時に出願時添付書（面接資料）を提出する。以下のような項目がある。

・受験者の氏名、生年月日、現住所、経歴。

・保護者の氏名、受験者との続柄、現住所、電話番号。

・家族構成、氏名、年齢、受験者との続柄。

・緊急連絡先。

・通学経路と所要時間。

※本人写真を貼付する。

1

2

3

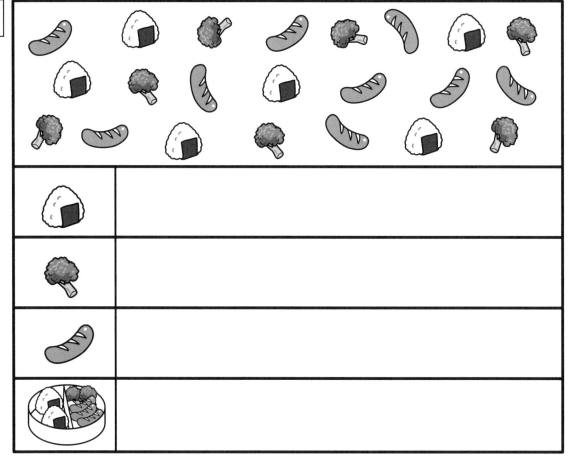

4

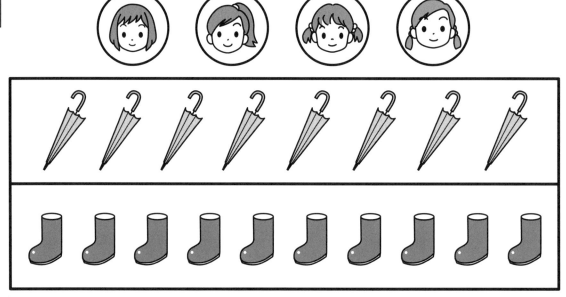

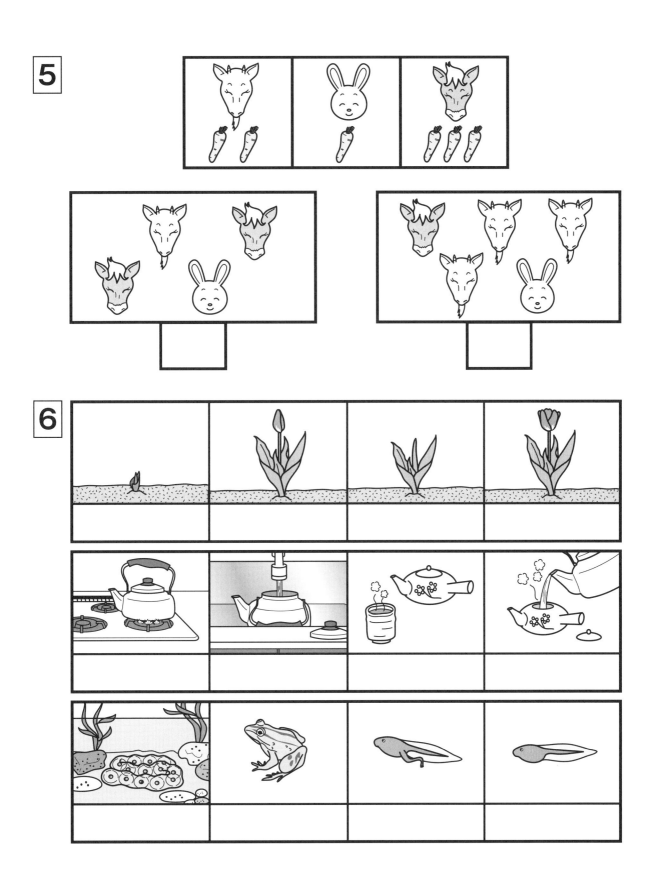

7

8

9

10

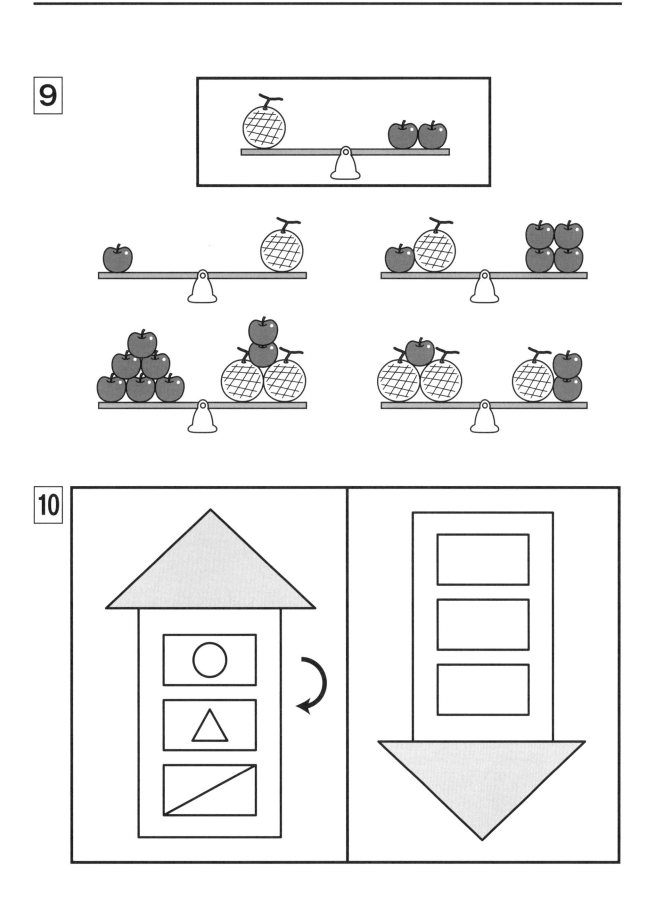

13

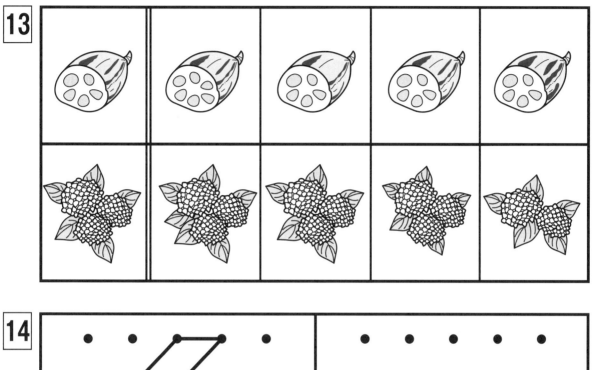

14

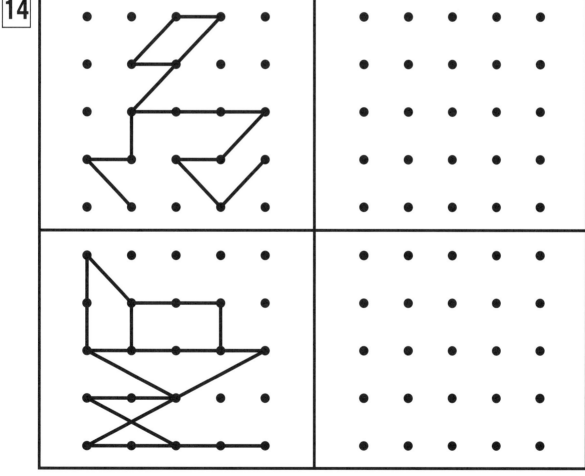

2016 湘南白百合学園小学校入試問題

■ 選抜方法

考査は１日で、受験番号順に約４人単位でペーパーテスト、20人単位で集団テストを行う。また、行動観察（集団テスト）中に個別テストがある。所要時間は約１時間40分。考査日前の指定日時に親子面接がある。

▌ ペーパーテスト ▐ 筆記用具は緑のクーピーペンを使用し、訂正方法は // （斜め２本線）。出題方法はテープ。

1 話の記憶

「あるところに食いしん坊のネコさんがいました。ネコさんが空を見上げるとまんまるのお月様が見えました。そう、今日はお月見の日なのです。ネコさんは『なんておいしそうなチーズケーキなんだろう』と思い、はしごに上ってお月様を取ってみることにしました。でも、お月様は取れませんでした。あきらめられなかったネコさんが次の日空を見上げると、お月様は少し小さくなっていました。『おいしそうなチーズケーキ、誰かが食べたのかもしれない』と思い、ネコさんは屋根に上がりましたがお月様は取れません。また何日か後、ネコさんは煙突に上がったら取れるのではないかと思い登りましたが、やっぱり取れませんでした。その日のお月様は半分になっていました。また何日かしたら、お月様は三日月になっていました。ネコさんは、今度は高い木にはしごをかけて上ってみましたがやっぱり届きません。そこでネコさんはフクロウさんを呼んで背中に乗せて飛んでもらい、お月様を取ろうとしました。ところがフクロウさんにしっかりつかまっていたつもりだったのに落ちて、気を失ってしまいました。しばらくするとネコさんは気がつきました。『ここは、どこだ？』と辺りを見回すと、赤や黄色、茶色に色づいた落ち葉の上で寝ていたようでした」

・１段目です。お話の季節はいつでしたか。合う絵に○をつけましょう。

・２段目です。お話の中で、最後のお月様はどのような形だったでしょうか。○をつけましょう。

・３段目です。ネコさんがお月様を取るために２番目に上がったのはどこだったでしょうか。○をつけましょう。

・４段目です。ネコさんは、どの動物の背中に乗ってお月様を取りにいこうとしましたか。○をつけましょう。

2 点図形

・左のお手本と同じになるように、右にかきましょう。

3 推理・思考（左右弁別）

・右に曲がっているヨットに○、左に曲がっているヨットに×をつけましょう。

4 常　識

・上の生き物の子どものときの絵を下から探して、点と点を線で結びましょう。

5 数　量

・白い１の目のところです。クマ２頭で下の魚を仲よく分けます。１頭分の魚は何匹になりますか。その数だけ下の長四角に○をかきましょう。

・白い２の目のところです。クマ３頭で下の魚を仲よく分けます。１頭分の魚は何匹になりますか。その数だけ下の長四角に○をかきましょう。

・黒い１の目のところです。ニワトリが２羽います。そこへ５羽来ました。今、ニワトリは何羽になったでしょうか。その数だけ下の長四角に○をかきましょう。

・黒い２の目のところです。ニワトリが６羽いました。そこから４羽いなくなりました。今、ニワトリは何羽いるでしょうか。その数だけ下の長四角に○をかきましょう。

6 推理・思考（比較）

・マス目の中に黒く塗ったところがいくつかあります。この中で、黒いところが一番広いものに○、一番狭いものに×をつけましょう。

7 推理・思考（重さ比べ）

・左の四角です。上の絵のように、ニンジン１本とタマネギ２個がつり合っています。では、下の絵のようにニンジンが２本のとき、右にタマネギを何個載せるとつり合いますか。その数だけ四角に○をかきましょう。

・右の四角です。上の絵のように、キャベツ１個はニンジン１本とタマネギ２個を一緒に載せるとつり合っています。では、下の絵のようにキャベツが２個のときは、ニンジン１本と一緒にタマネギを何個載せるとつり合いますか。左の絵も参考にして、その数だけ四角に○をかきましょう。

8 言　語

・名前の始まりと終わりの音が同じものを、４つ探して○をつけましょう。
・名前が「リ」の音で終わるものに×をつけましょう。

集団テスト

■ リズム

「さんぽ」の曲に合わせてテスターの動きをまねて左右に歩いたり、手を上げてたたいたりする。

■ 集団ゲーム

・2つのチームに分かれて、平均台でドンジャンケンを行う。

・模擬の魚、貝、タコが多く用意されている。テスターとジャンケンをする。勝ったら魚、負けたら貝、あいこならタコを取る。取ったものを、勝った人は白いカゴ、負けた人は赤いカゴ、あいこの人は青いカゴに入れる。

■ 自由遊び

トランプ、絵本、おままごとセット、風船、ダーツ、輪投げなどのコーナーがあり、自由に遊ぶ。

■ 絵画（課題画）

鉛筆を使用する。

・男の人の絵を描く。描けたら裏に好きな絵を描く。

個別テスト

■ 指示行動・言語

集団テスト中に5人ずつ別室に呼ばれ、1人ずつ靴を脱いでシートに上がる。絵本、「ぐりとぐら」の人形、くしなどが入っている棚がある。

・棚の中から好きなものを持ってきてください。（持ってきたものを先生に渡す）なぜ、これを持ってきたのか教えてください。

■ 生活習慣

タオルが乱雑に置いてある。横にカゴが用意されている。

・このタオルをカゴの中に入れてください。

親 子 面 接

本 人

- ・お名前、お誕生日を教えてください。
- ・幼稚園（保育園）では、お友達に何と呼ばれていますか。
- ・朝は何時に起きますか。1人で起きられますか。
- ・好きなテレビ番組は何ですか。その番組のどのようなところが面白いと思いますか。
- ・お母さんにほめられるのはどのようなときですか。
- ・お家でお手伝いをしていますか。何をしていますか。
- ・お父さんと一緒にやりたいことはありますか。
- ・カレーには何が入っているか知っていますか。
- ・お水を使ってすることをたくさん言ってください。

生活習慣

おはし、大きさや形の異なる豆が数種類入ったおわん、空のお皿が用意されている。
- ・おはしを使って豆を隣のお皿に2つ移してください。

父 親

- ・お仕事内容を教えてください。
- ・志望理由をお聞かせください。
- ・カトリック教育についてどのようにお考えですか。
- ・ご家庭の教育方針と本校のどのようなところが合っていると思いますか。
- ・お子さんの性格についてお話しください。
- ・お子さんの長所を伸ばすために、実践していることはありますか。
- ・休日はお子さんとどのように過ごしていますか。
- ・お子さんとのかかわりで、何か心掛けていることはありますか。

母 親

- ・お子さんの健康管理について、気をつけていることはありますか。
- ・小学校に期待することは何ですか。
- ・小学校に進学するにあたり、どのような準備をしていますか。
- ・最近どのようなことでお子さんをほめましたか。
- ・お子さんをしかるのはどのようなときですか。
- ・本校に入って、どのようなお子さんになってほしいですか。

・本校のことをお子さんにどのように伝えていますか。

面接資料／アンケート

出願時に出願時添付書（面接資料）を提出する。以下のような項目がある。

・受験者の氏名、生年月日、現住所、経歴。

・保護者の氏名、受験者との続柄、現住所、電話番号。

・家族構成、氏名、年齢、受験者との続柄。

・緊急連絡先。

・通学経路と所要時間。

※本人写真を貼付する。

1

2

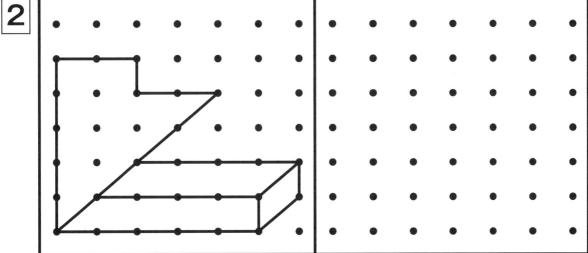

3

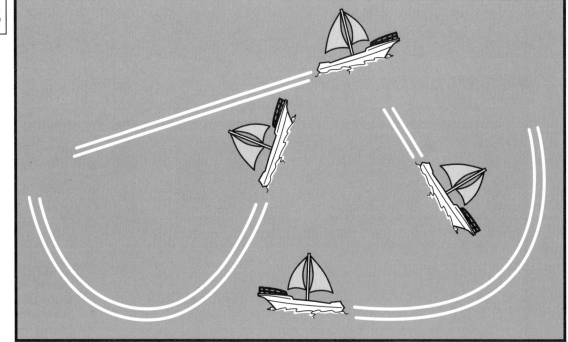

4

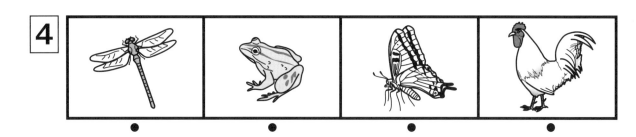

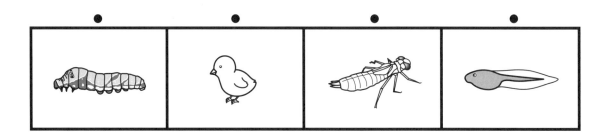

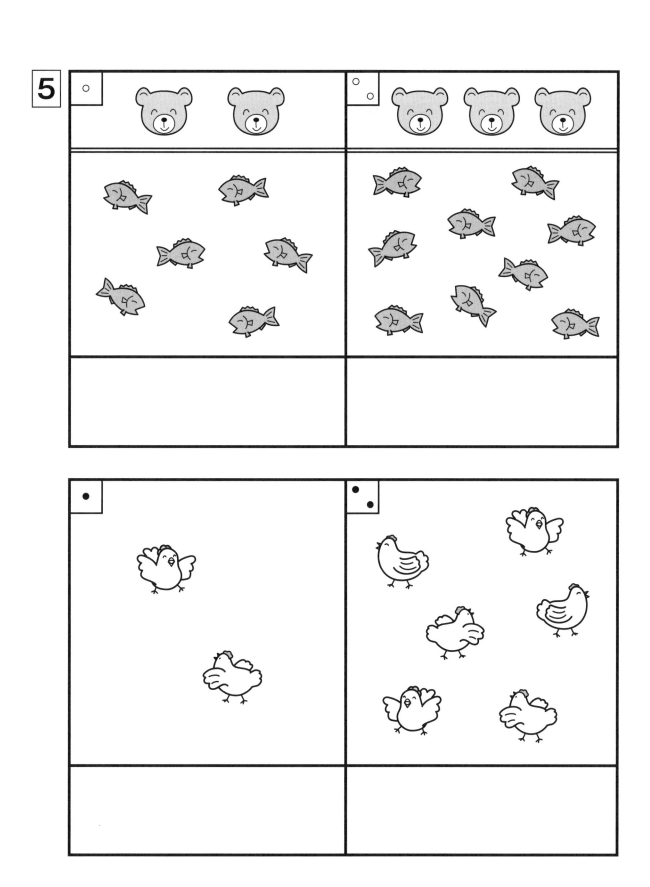

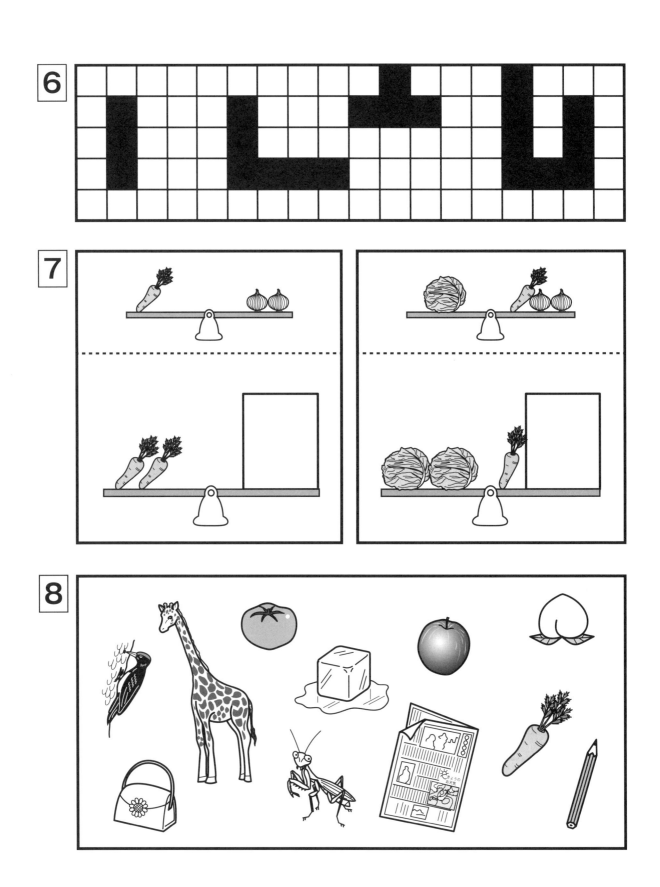

^{section}
2015 湘南白百合学園小学校入試問題

■ 選抜方法

考査は1日で、受験番号順に約4人単位でペーパーテスト、20人単位で集団テストを行う。また、行動観察（集団テスト）中に個別テストがある。所要時間は約1時間30分。考査日前の指定日時に親子面接がある。

┃ ペーパーテスト

筆記用具は赤のクーピーペンを使用し、訂正方法は // （斜め2本線）。出題方法はテープ。

1 話の記憶

　「あつこちゃんはお姉ちゃんと遊ぼうと思っていたのですが、お母さんから『ちょっとお買い物に行きましょう』と言われ、お母さんと一緒にスーパーマーケットへお買い物に行きました。スーパーマーケットで牛乳とトマトとダイコンとアイスクリームを買いました。お家に帰ってお姉ちゃんと一緒におやつのアイスクリームを食べようと思っていましたが、お姉ちゃんからお母さんの携帯電話に連絡がありました。『今どこにいるの？』とお母さんが聞くと、『お友達のお家で勉強しているの。でももうすぐ帰るよ』と言いました。あつこちゃんはお姉ちゃんのアイスクリームを冷凍庫に入れて、先に食べることにしました。あつこちゃんはアイスクリームを食べながらお母さんに『明日、プールに行きたいわ』と言うと、『そうね。みんなで行きましょう』とお母さんが言ってくれました。あつこちゃんは明日が来るのをとても楽しみにしています」

- ・1段目です。あつこちゃんは明日どこに行きますか。その絵に○をつけましょう。
- ・2段目です。あつこちゃんのおやつは何でしたか。○をつけましょう。
- ・3段目です。スーパーマーケットに行って買っていないものに○をつけましょう。

2 観察力

- ・左の四角の中のお手本にない葉っぱを右側から探して○をつけましょう。

3 推理・思考（進み方）

- ・赤ちゃんは今いるところから下の黒丸を上にかいてある矢印の通りに進み、ミルクのところまで行きます。進んだ通りに線を引きましょう。

4 数　量

- 左の四角の中のリンゴと同じ数のリンゴを、右側から選んで○をつけましょう。2段ともやりましょう。
- 左の丸の中に積んである積み木と同じ数にするには、右側の四角の中の積み木のどれとどれを合わせるとよいですか。合わせる2つの絵に○をつけましょう。
- 左の四角の中のリンゴは、イチゴよりいくつ少ないですか。少ない数だけ右の四角に○をかきましょう。
- 太鼓が何回鳴るか聞きましょう。（例として2回鳴らす）このようにこれから鳴らす太鼓の音の数と同じ数のものを選んで、下の四角の絵に○をつけましょう。（5回鳴る）

5 構　成

- 左の四角の中の積み木を作るのに使った積み木はどれですか。右の絵から選んで全部に○をつけましょう。

6 推理・思考（四方図）

- 左の四角の中の積み木を矢印の方から見るとどのように見えますか。右の絵から選んで○をつけましょう。

7 推理・思考（重さ比べ）

- 上の四角の中の絵がお約束です。お約束のようにシーソーがつり合っているとき、下の四角の中のシーソーは右と左でどちらが重いでしょうか。重い方の四角に○をかきましょう。

8 言　語

- 左上のネコから始めて右下のミカンまで、しりとりでつながるように線を引きましょう。線は縦と横には引けますが、斜めには引けません。
- 左の絵の名前の最後の音同士をつなげると何になりますか。右の絵から選んで○をつけましょう。

集団テスト

🔲 集団ゲーム

- 2つのチームに分かれて、平均台でドンジャンケンを行う。
- 床に置かれたはしごを踏まないようにケンケンをする。ケンケンで進んだ先にあるカゴ

の中の小さいボールを、離れたところにあるカゴに投げ入れる。2チームで行い、多く
ボールが入ったチームの勝ち。

指示行動

テスターとジャンケンをする。勝ったら赤いシール、負けたら青いシール、あいこは緑の
シールを箱から取り、指示された紙に貼って、指示された色のコーンに並ぶ。

自由遊び

おままごとセット、輪投げ、お手玉、絵本、的当て、黒板でお絵描きなどのコーナーがあり、
自由に遊ぶ。

個別テスト

指示行動

集団テスト中に1人ずつ呼ばれる。テスターにかばんを渡され、指示されたものを離れた
場所へ取りに行く。
・先生は髪の毛を結びたいです。必要なものを取ってきてください。
・先生はのどが渇きました。必要なものを取ってきてください。
・先生は粘土遊びをしたいです。必要なものを取ってきてください。
・先生は絵本を読みたいです。必要なものを取ってきてください。

親 子 面 接

本 人

・お名前、幼稚園（保育園）の名前、幼稚園（保育園）の先生の名前を教えてください。
・お父さん、お母さんの名前を教えてください。
・お父さんの好きなところを教えてください。
・大切にしているものは何ですか。
・電車の中で注意することを2つ教えてください。
・道を歩いていて注意することを2つ教えてください。
・お家の中でのあなたのお仕事を教えてください。
・習い事はしていますか。楽しいですか。それはどうしてですか。
・今年できるようになったことは何ですか。
・年長になって、お家でできるようになったことは何ですか。

・お友達とけんかをしたら、どうやって仲直りしますか。

・お友達と仲よくしたいときはどうしますか。

言語・常識

・サンダル、長靴、下駄の仲間はほかに何がありますか。仲間のものとその理由を教えてください。

・アジサイ、ヒマワリ、アサガオの仲間はほかに何がありますか。仲間のものとその理由を教えてください。

父　親

・お仕事の内容についてお聞かせください。

・カトリックの女子校に通わせたい理由についてお聞かせください。

・カトリック教育についてどのようにお考えですか。

・お子さんとのかかわりについてお話しください。

・本校に期待することについてお聞かせください。

母　親

・本校を知ったきっかけ、またその後の印象についてお話しください。

・子育てで気をつけていることをお聞かせください。

・父と子のかかわり合いについてお聞かせください。

・お子さんがいじめられて帰って来たときには、どのように対応されますか。

面接資料／アンケート

出願時に出願時添付書（面接資料）を提出する。以下のような項目がある。

・受験者の氏名、生年月日、現住所、経歴。

・保護者の氏名、受験者との続柄、現住所、電話番号。

・家族構成、氏名、年齢、受験者との続柄。

・緊急連絡先。

・通学経路と所要時間。

※本人写真を貼付する。

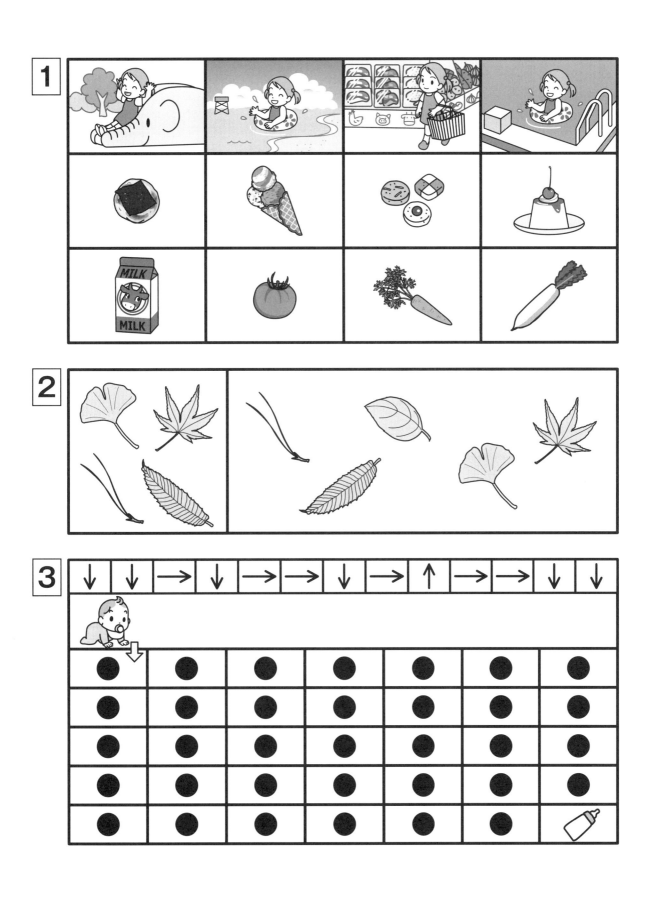

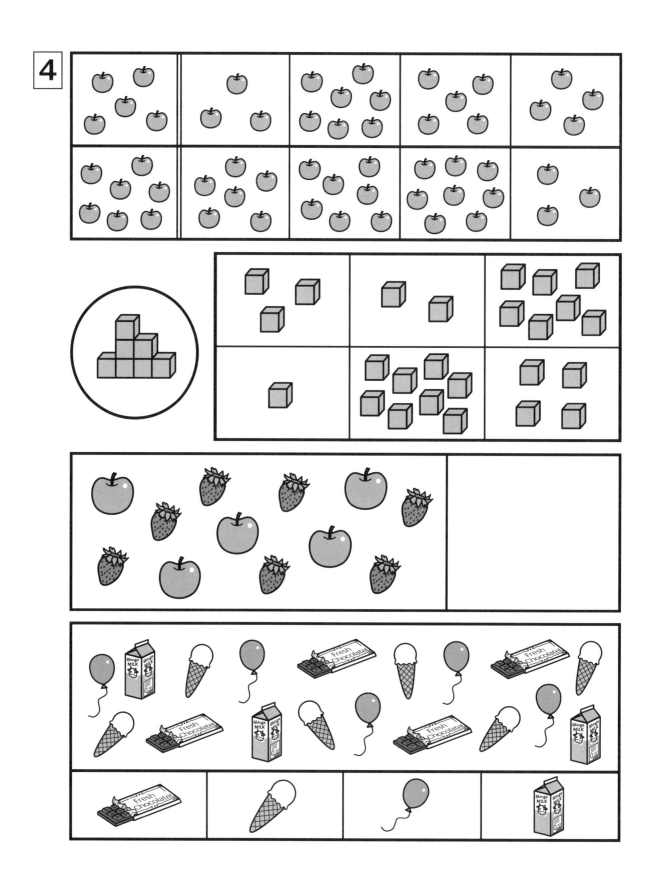

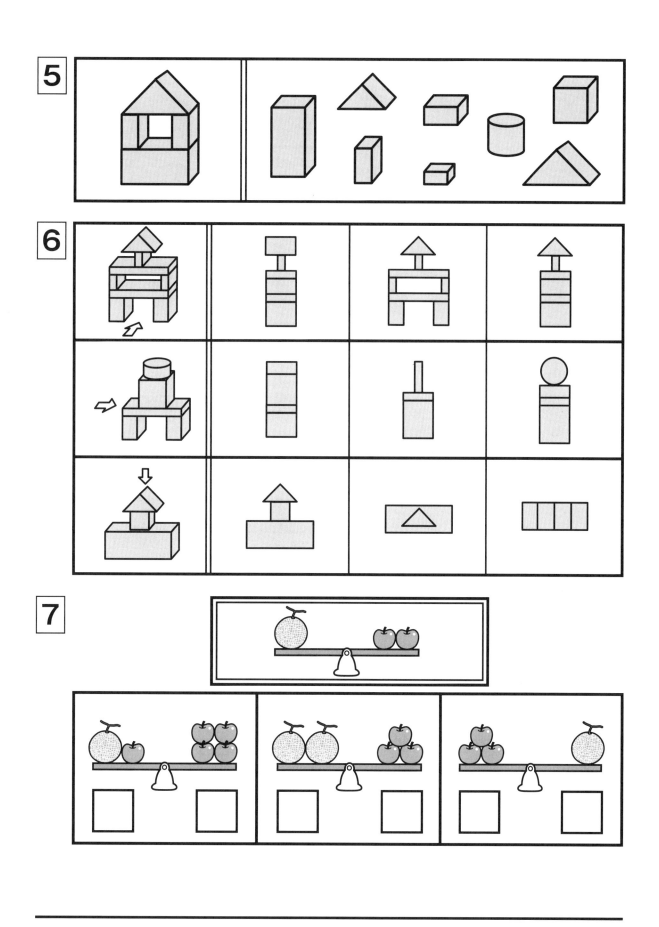

8

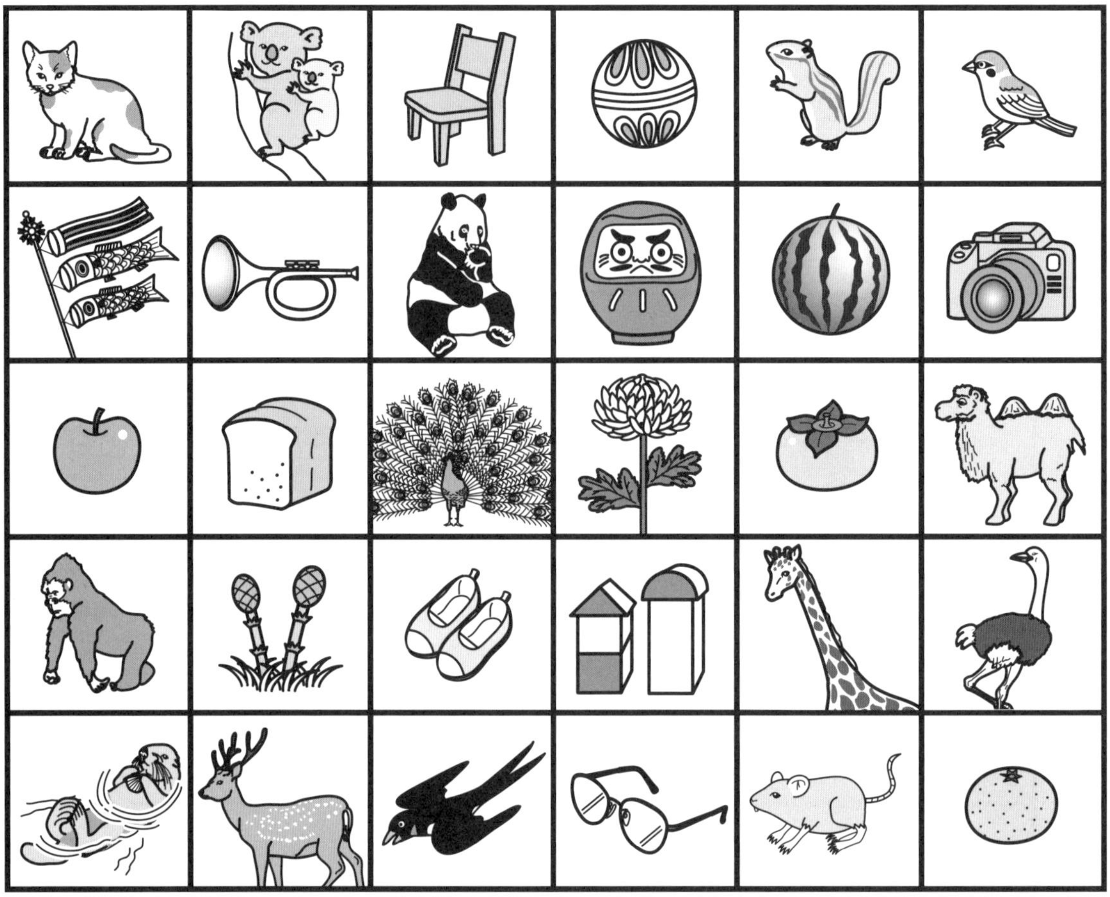

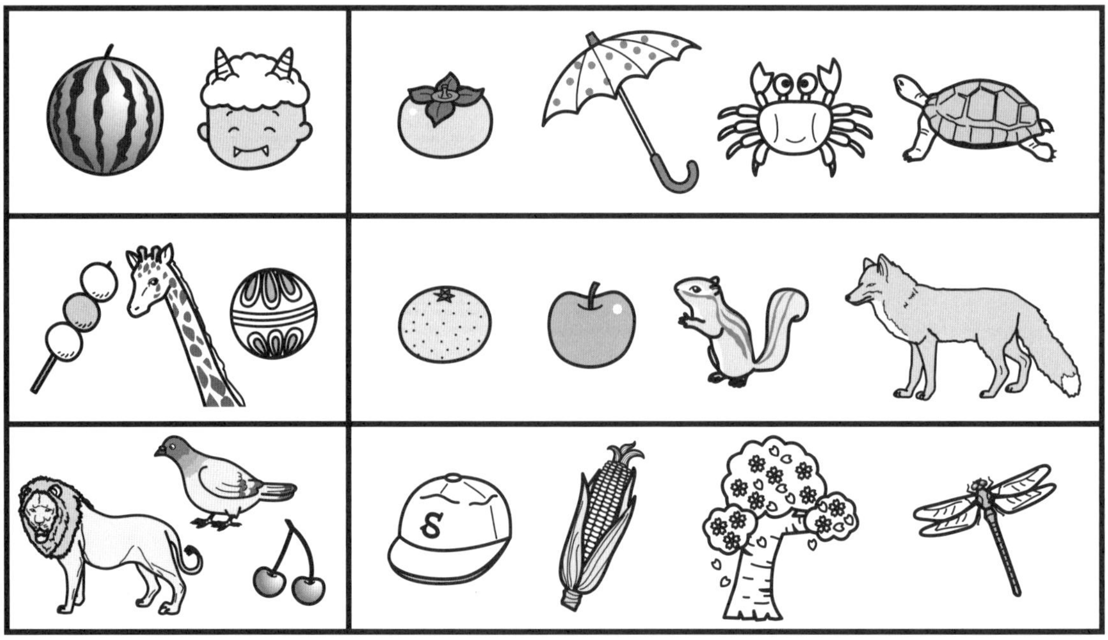

^{section}
2014 湘南白百合学園小学校入試問題

■ 選抜方法

考査は1日で、受験番号順に4、5人単位でペーパーテスト、20人単位で集団テストを行う。所要時間は約1時間30分。考査日前の指定日時に親子面接がある。

┃ ペーパーテスト ┃ 筆記用具は青のクーピーペンを使用し、訂正方法は // （斜め2本線）。出題方法はテープ。

1 話の記憶

「ドングリさんとマツボックリさんが山で会いました。2人は『こんにちは』とあいさつしましたが、頭がぶつかってたんこぶができ、ぶつかったはずみでマツボックリさんは転がって川の中に落ちてしまい、ドングリさんは森の中へ転がっていってしまいました。川に落ちたマツボックリさんは『えーん』と泣いていました。そこへドジョウさんがやって来ました。『マツボックリさん、だいじょうぶ？』と声をかけましたが、まだまだ泣いています。カニさんがやって来ました。カニさんは『マツボックリさん、わたしがたんこぶを取ってあげましょう』と言いました。そして、カニさんのはさみでチョキンとたんこぶを切り取ってもらいました。森の中へ転がっていったドングリさんは、ウサギさんに会いました。ウサギさんが『たんこぶを取ってあげるね』と言いました。けれども、ウサギさんの力が弱いのでたんこぶは取れません。そこにクマさんが通りかかりました。クマさんがウサギさんに替わって、たんこぶを引っ張ってみると取れました。そのとき、ドングリさんはひっくり返ってしまい、また、たんこぶができてしまいました」

・1段目です。ドングリさんが転がっていったところに△をつけましょう。
・同じ段です。マツボックリさんが転がっていったところに○をつけましょう。
・2段目です。ドングリさんのたんこぶを取ったのは誰でしたか。○をつけましょう。
・同じ段です。マツボックリさんのたんこぶを取ったのは誰でしたか。△をつけましょう。
・3段目です。マツボックリさんを最初に見つけた生き物に○をつけましょう。
・同じ段です。2番目にドングリさんを見つけた生き物に△をつけましょう。

2 言 語

・左上の二重丸のシカから右下の二重丸のヤシの木まで、名前に「シ」がつくものを全部通るように線を引きましょう。ただし、同じところを2度通ってはいけません。

③ 数 量

- 上の段です。左側の果物の数だけそれぞれ右のマス目に１つずつ○をかきましょう。
- 真ん中の上の段です。バナナが８本あります。女の子に２本、男の子に３本あげました。バナナは何本余りますか。余った数だけ右側の四角に○をかきましょう。
- 真ん中の下の段です。アメが10個あります。女の子に５個、男の子に３個あげました。アメは何個余りますか。余った数だけ右側の四角に○をかきましょう。
- 下の段です。クリが描いてある積み木とクリが描いていない積み木を使って左のように積みました。クリが描いてある積み木を数えて、クリの横の長四角にその数だけ○をかきましょう。クリの積み木のクリは見えているところだけです。
- では、クリの描いていない積み木はいくつですか。イチゴの横の長四角にその数だけ○をかきましょう。

④ 数 量

- 上の形の中に丸、三角、四角はそれぞれいくつあるか数えて、その数だけ下の丸、三角、四角の右側に○をかきましょう。外側の大きい形も数えてください。

⑤ 数 量

- 動物たちの絵がありますね。ウサギはゾウにリンゴを２個ずつあげようと思います。でも、いくつか足りなかったので、６匹がお家に取りに帰りました。では上の四角の中のウサギと帰ったウサギを合わせると全部で何匹ですか。その数だけ、ウサギの横の長四角に○をかきましょう。
- ゾウが全部で10頭います。でも何頭か、かくれんぼをしているので、今は四角の中の数だけになりました。何頭隠れていますか。隠れている数だけ、ゾウの横の長四角に○をかきましょう。
- クマはかくれんぼをしているクマも合わせて全部で12頭います。そのうち８頭がお家に帰ると何頭残りますか。その数だけクマの横の長四角に○をかきましょう。

⑥ 数 量

- 左と右のバナナを同じ数にするには、どちらからどちらにいくつあげればよいですか。もらった方のバナナの下にその数だけ○をかきましょう。
- 左と右はどちらの動物が何匹多いでしょうか。多い数だけ、多い方の動物の下に○をかきましょう。

⑦ 推理・思考（重さ比べ）

- 一番上のシーソーを見ましょう。動物たちが重さ比べをしていますね。これがお約束で

す。この動物たちがおりに入ってシーソーに乗っています。おりには丸、三角、四角の印がついているので中が見えません。シーソーを見て、どのおりにどの動物が乗っているか、そのおりの印を下の動物につけましょう。

8 構 成

- 上の段です。上にかいてある四角のうち、同じ3枚を使って作った形はどれですか。下から選んで○をつけましょう。答えは2つあります。
- 下の段です。上の2枚の絵を使った形はどれですか。下から選んで○をつけましょう。2枚の絵は、どこでつなげてもよいですが、裏返してはいけません。答えは2つあります。

集団テスト

集団ゲーム

2つのチームに分かれ、平均台を使ってドンジャンケンを行う。

指示行動

- ジャンケンに勝ったら赤いボール、負けたら青いボール、あいこは白いボールを取るお約束がある。テスターのところへ行き、ジャンケンをする。ジャンケンをしたら、平均台を素早く渡り、それぞれの色ごとにボールが入っているカゴからお約束に合ったボールを取って、1mくらい離れたカゴに投げ入れる。入らなかったら自分で拾い、投げ入れる。投げ終わったら、走って列の最後につく。
- ドンジャンケンを行っている間に4、5人呼ばれる。1人ずつ持ってくるカードを指示される。カードは生き物と色の2つの指示がある。
  （例……クマのカゴのところから黄色のカードを持ってきて）

自由遊び

おままごとセット、シルバニアファミリーのお人形セット、つながるブロック、折り紙、かるた、輪投げ、パズル、絵本が置いてあり好きなもので遊ぶ。

親 子 面 接

本 人

- お名前と誕生日を教えてください。

・幼稚園（保育園）のお友達の名前を3人教えてください。
・今、幼稚園（保育園）で頑張っていることとその理由を教えてください。
・幼稚園（保育園）の先生に教えてもらったことで何が一番好きですか。
・お父さん、お母さんの名前を教えてください。
・この小学校の名前は知っていますか。
・小学校に入ったら何をしたいですか。
・今、お家で頑張っていることは何ですか。その理由も教えてください。
・お母さん、お父さんにほめられるのはどんなときですか。
・お父さんと約束していることは何ですか。
・お父さんがしてくれてうれしいことは何ですか。
・今、ハンカチ（またはちりがみ）は持っていますか。それはどういうときに使いますか。

🔊 言語・常識（仲間分け）

（絵を見せられ口頭で答える）
・ウグイス、タヌキ、キツネの中で仲間はずれのものとその理由を教えてください。
・トンボ、テントウムシ、自転車の中で仲間はずれのものとその理由を教えてください。
・キャベツ、ホウレンソウ、ミカンの中で仲間はずれのものとその理由を教えてください。

父 親

・お仕事の内容をお聞かせください。
・子育てにあたって、ご夫婦で話し合っていることは何ですか。
・小学校に入るための準備は、どのようにされていますか。
・志望動機をお聞かせください。
・いつごろから本校に入学させたいとお考えになりましたか。

母 親

・本校の生徒の印象についてお話しください。
・通学時間がかかるようですが大丈夫ですか。
・幼稚園（保育園）では、お子さんはどんな子だと言われていますか。
・お子さんはどのような性格ですか。
・お子さんが幼稚園（保育園）でしかられて帰ってきたら、どのように対応されますか。
・お子さんが幼稚園（保育園）からけがをして帰ってきました。そのときの対応はどうされますか。
・小学校で、子ども同士でトラブルがあって帰ってきたときはどう対処しますか。
・本校に入学後、学習について不安な点はありますか。
・お仕事は何かされていますか。学校から連絡した際、お迎えに来ることはできますか。

面接資料／アンケート

出願時に出願時添付書（面接資料）を提出する。以下のような項目がある。

・受験者の氏名、生年月日、現住所、経歴。

・保護者の氏名、受験者との続柄、現住所、電話番号。

・家族構成、氏名、年齢、受験者との続柄。

・緊急連絡先。

・通学経路と所要時間。

※本人写真を貼付する。

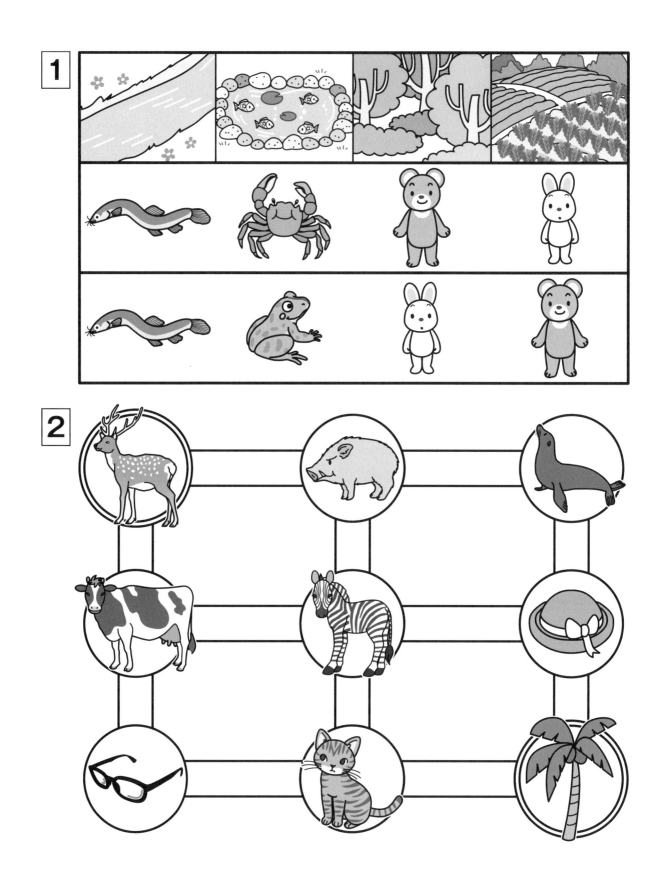

4

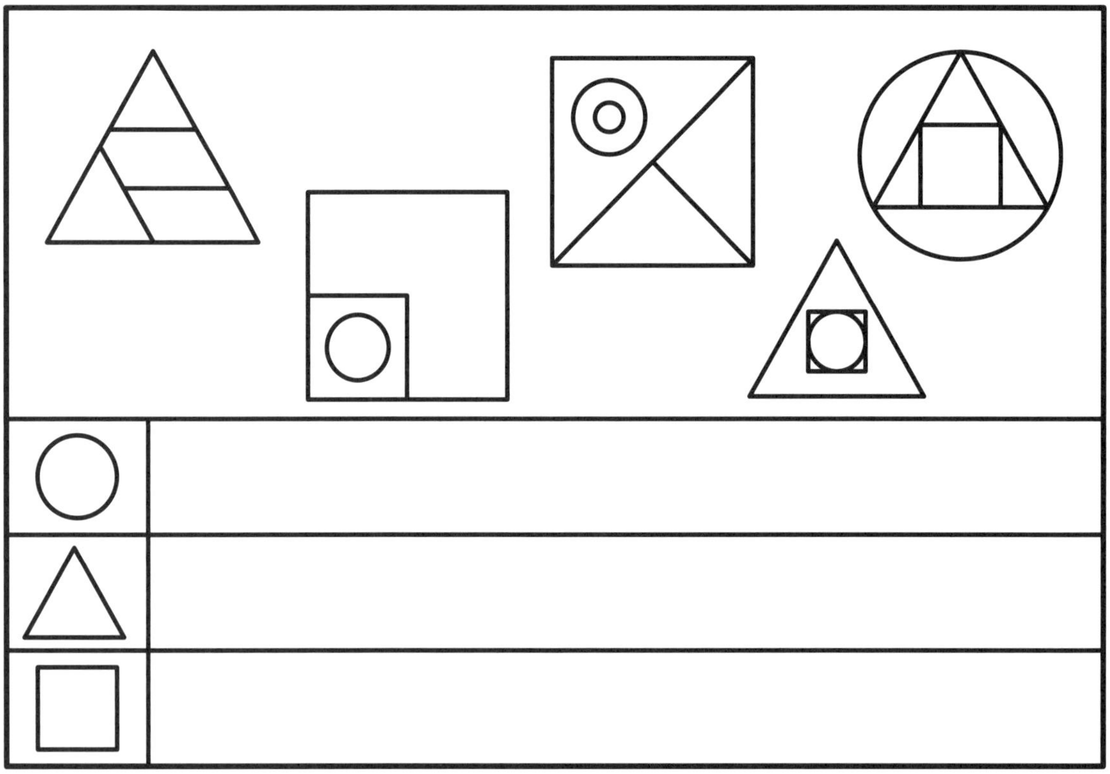

5

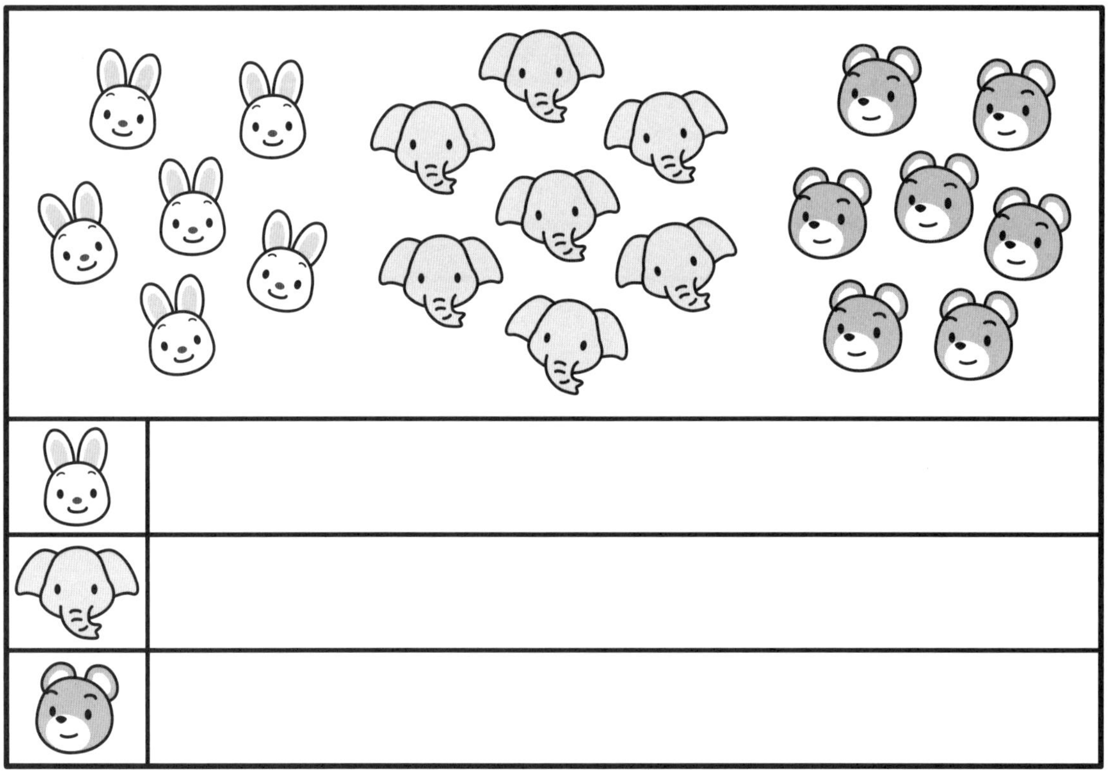

2014

6

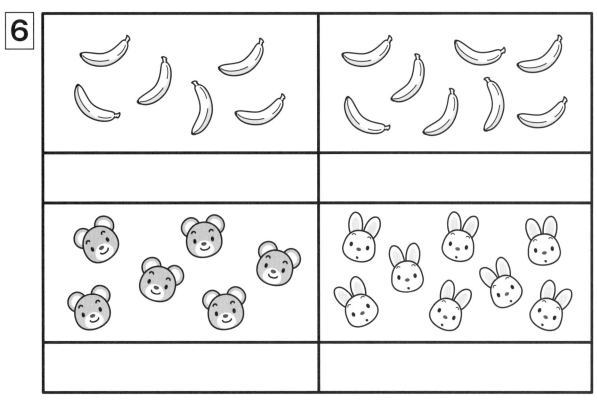

7

8

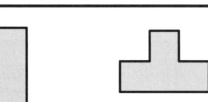

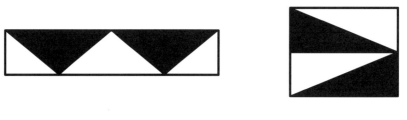

湘南白百合学園小学校
入試シミュレーション

湘南白百合学園小学校入試シミュレーション

「今日は森の王様のお誕生日です。王様に何をプレゼントしたらよいかと、森ではみんなが集まってワイワイガヤガヤと大騒ぎです。クマさんは『僕は森ではちみつを集めてホットケーキを焼こう』と言うと、大きな瓶を持って張り切って出かけていきました。フクロウのおじさんは『わしは小鳥たちの羽根を集めてすてきな帽子を作ろう。きっと王様は喜んでくださるだろう』と言うと、ピューッと飛んでいきました。さっきから草をモグモグかみながら、プレゼントは何にしようかと考えていたウシさんは『そうだ！ 搾りたてのおいしいミルクから軟らかくてよいにおいのするチーズを作ろう』。そう言ってさっそくプレゼントを作り始めました。リスさんもクルクル回って忙しそうです。『僕はヒマワリをたくさん集めて花束にするんだ』とお話ししてくれました。すると、『ウーン、ウーン』と変な声が聞こえてきました。声の正体はモグラさんです。モグラさんは『僕もプレゼントは何がいいかなってずーっと考えているんだけど、よい考えが何も思い浮かばないんだ。どうしよう……』とつくづく困ってしまって、ヤギのおじいさんのところへ相談に行くことにしました。『僕はみんなみたいにすてきなプレゼントが作れないんだ。どうしよう』。するとヤギのおじいさんは『プレゼントというものは、心が込もっていれば何でもいいんだよ』と教えてくれました。そこでモグラさんはとてもうれしくなって、この前、土の中で見つけたピカピカのガラスのかけらをプレゼントすることにしました。しばらくするとプレゼントを持った動物たちが戻って来ました。さぁ、森の王様のお誕生日パーティーの始まりです。テーブルの上にはおいしそうなごちそうが並び、みんなで歌ったり踊ったりと楽しい時間を過ごしました」

- 一番上です。お話に出てこなかった動物に×をつけましょう。
- 同じところです。モグラさんが相談に行った動物に△をつけましょう。
- お話に出てきた動物たちが王様に何をプレゼントしたのかわかるように、すぐ下のプレゼントと動物の点と点を線で結びましょう。
- お誕生日パーティーではどんなことをしましたか。下の6枚から、お話に合う絵すべてに○をつけましょう。

2 話の理解

ゆっくりと一度だけ読む。
- 上の段を見ましょう。僕は、帽子をかぶり、半ズボンをはいています。手にはサッカーボールを持っています。僕に○をつけましょう。
- 真ん中の段です。わたしは甘いものが大好きですが、シュークリームは苦手です。わた

しはイチゴののったショートケーキよりも、チョコレートケーキが好きです。でもチョコレートケーキよりもプリンの方がもっと好きです。わたしが一番好きなものに○、2番目に好きなものに△をつけましょう。

・下の段です。わたしは海水浴に行きました。海に着くとすぐに砂浜でカニを見つけました。捕まえようと追いかけていたら、今度はきれいな貝殻を見つけました。砂がたくさんついていたので、海水で洗おうとしたら、クラゲがいたのでびっくりして尻もちをつきました。わたしが転んで手をついたすぐ横に、ヤドカリがいました。では、わたしが海で一番初めに見つけたものに○、最後に見つけたものに×をつけましょう。

3 数量（対応）

・1段目です。4匹のウサギがニンジンを1本ずつ食べたとき、余るニンジンに○をつけましょう。

・2段目です。3匹のクマが魚を2匹ずつ食べたとき、余る魚に○をつけましょう。

・3段目です。5人の子どもが使うおはしの数だけ、おはしに○をつけましょう。

・左下の四角です。おにぎり1個とから揚げ1つを1人分とすると、何人分できますか。その数だけ右側の四角に○をかきましょう。

・では、おにぎり1個とから揚げ2つを1人分とすると、何人分できますか。その数だけ右側の下の四角に○をかきましょう。

4 数量

・上の3段です。左端と右端の四角の中の数を合わせたものが、真ん中の四角の中の数になります。空いている四角の中にはいくつ入りますか。その数だけ○をかきましょう。

・下の2段です。今度は左端と右端の四角の中の数を合わせた数の半分が、真ん中の四角の中の数になります。空いている四角の中にはいくつ入りますか。その数だけ○をかきましょう。

5 推理・思考

上の絵のように、動物たちが観覧車に乗っています。

・観覧車が下の左と右のように動いたとき、丸、三角、四角のところに入る動物を下の四角の中から探して、それぞれの絵に同じ印をつけましょう。

6 推理・思考（重さ比べ）

・それぞれの段のシーソーの絵を見て、一番重いものには○、一番軽いものには×を右の絵につけましょう。

7 推理・思考

・上の入れ物に入っている玉を取り出すと、水の高さはどうなりますか。玉を取り出したときの入れ物を下から選んで、点と点を線で結びましょう。

・長さの違う鉛筆があります。2番目に長い鉛筆に○、2番目に短い鉛筆に△をつけましょう。

8 常識（季節）

・春と仲よしのものに○、夏と仲よしのものに△、秋と仲よしのものに□、冬と仲よしのものに×をつけましょう。

9 常識（昔話）

・左側の昔話と仲よしのものを右側から選んで、点と点を線で結びましょう。

10 言語（同尾語）

・最後に「イ」のつくものに○をつけましょう。

11 言　語

・左の絵の最初の音をつなげると、何になりますか。右の絵の中から選んで、それぞれ○をつけましょう。

12 言語（しりとり）

・左上の積み木から右下のネコまで、なるべく長くしりとりでつながるように線を引きましょう。

13 点図形

・左のお手本と同じになるように、それぞれ右にかきましょう。

3

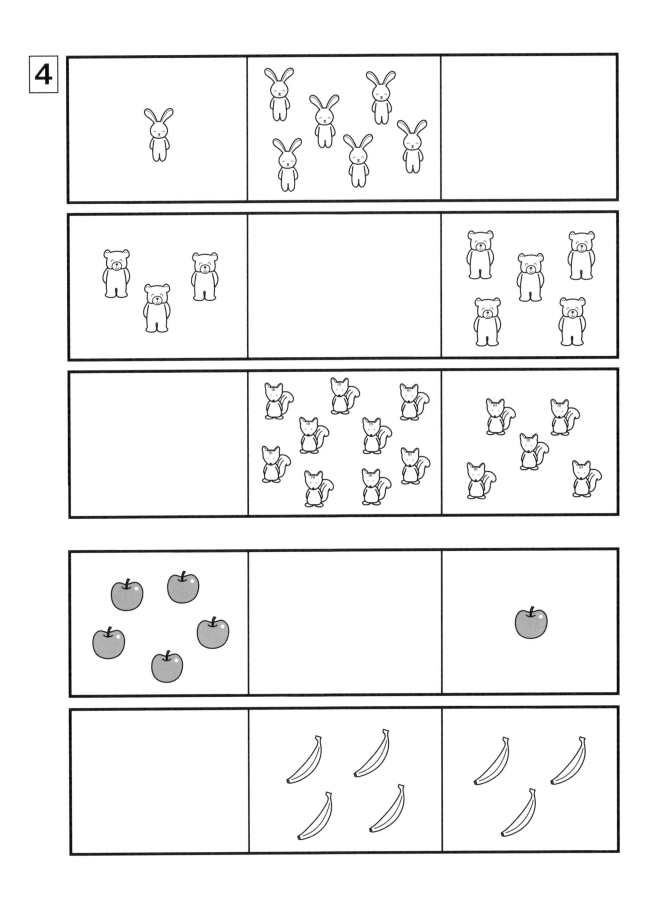

5

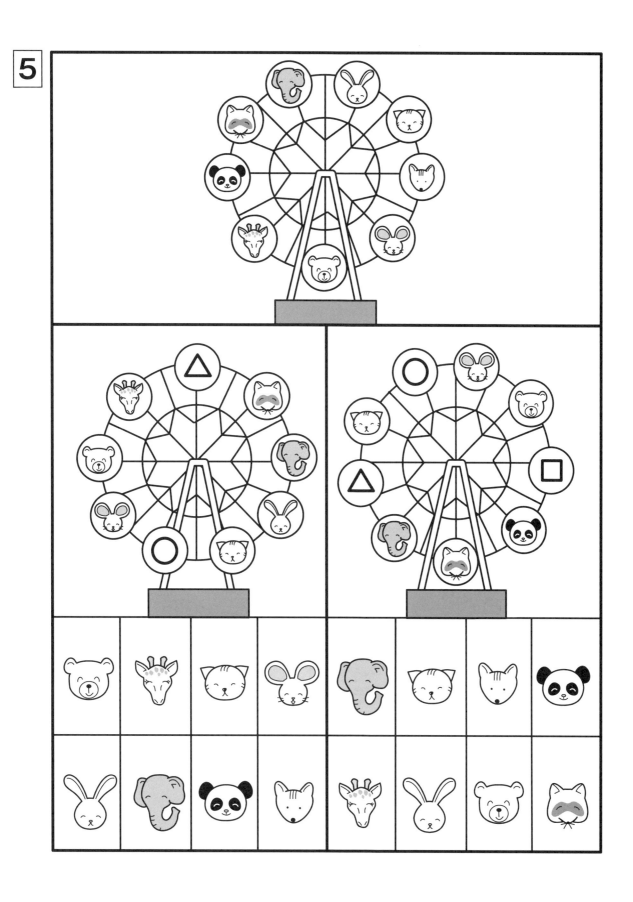

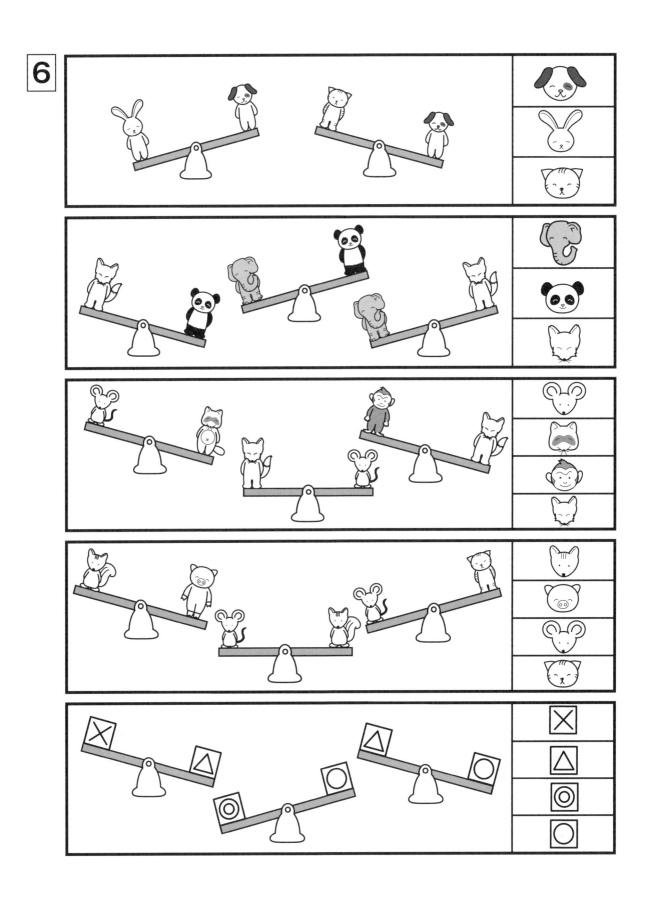

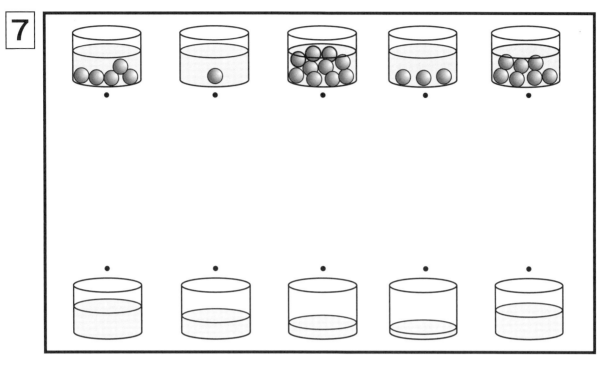

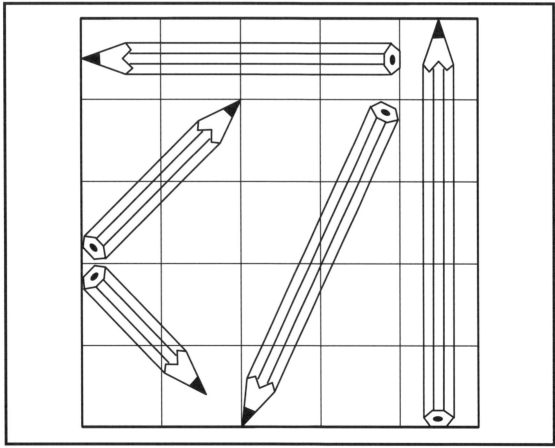

8

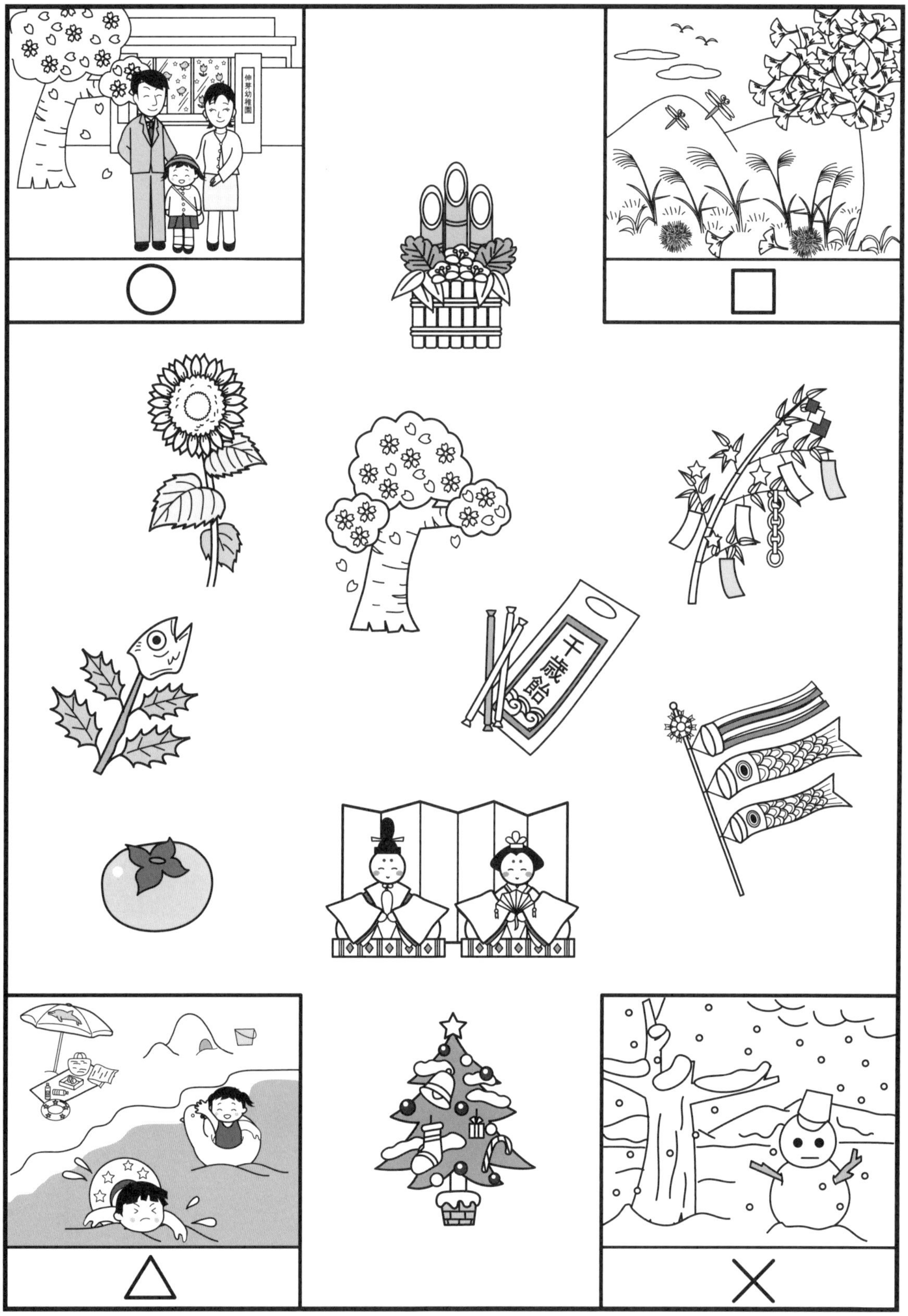

10

11

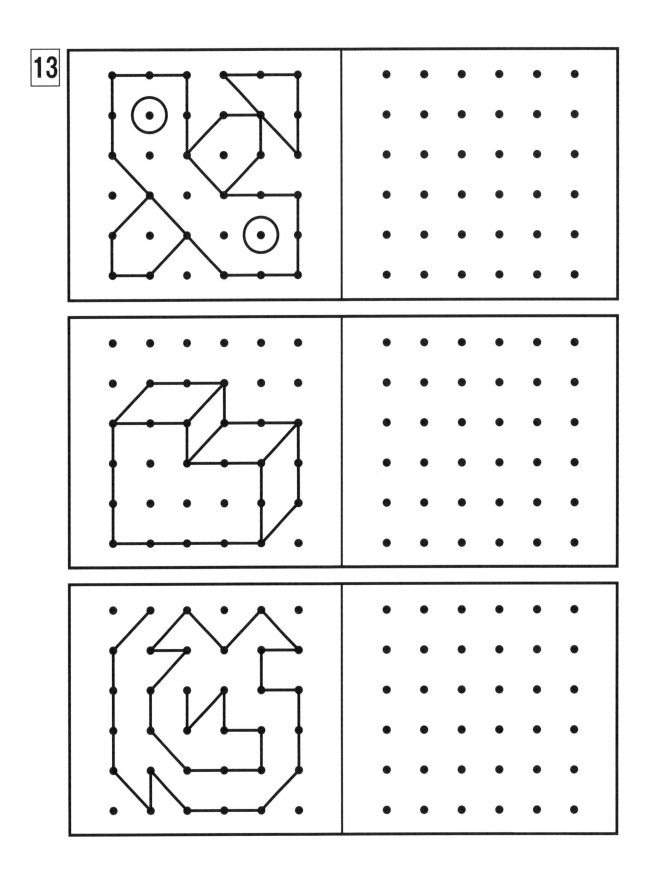

［過去問］ 2024

湘南白百合学園小学校 入試問題集

解答例

✳ 解答例の注意

この解答例集では、ペーパーテスト、個別テスト、集団テストの中にある□数字がついた問題、入試シミュレーションの解答例を掲載しています。それ以外の問題の解答はすべて省略していますので、それぞれのご家庭でお考えください。（一部□数字がついた問題の解答例の省略もあります）

入試シミュレーションの
解答例もあります！

Shinga-kai

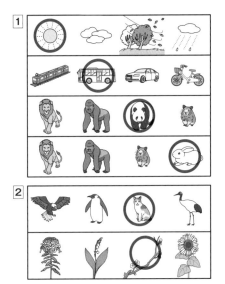

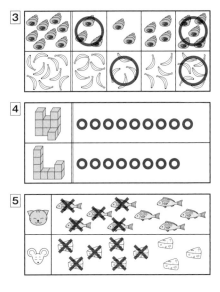

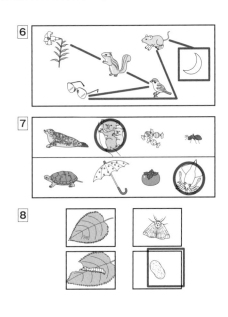

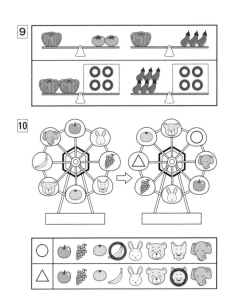

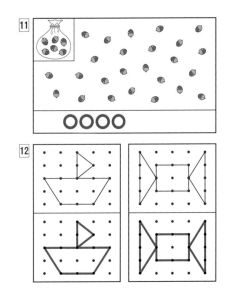

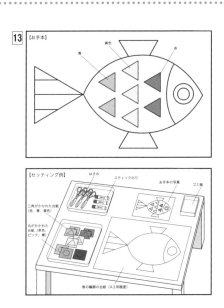

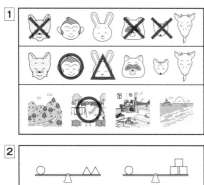

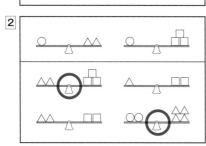

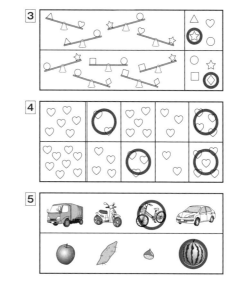

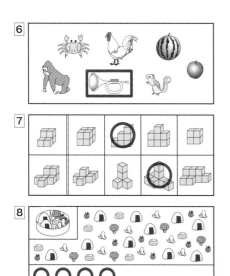

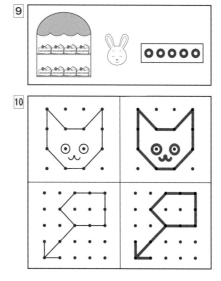

1
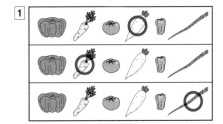

2

3
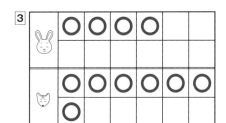

4
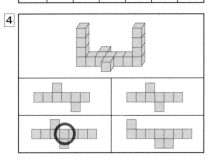

5
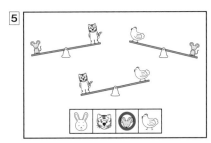

6

7
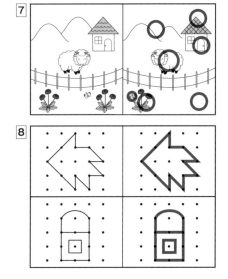

8

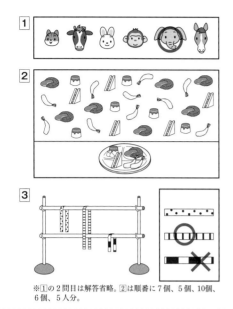

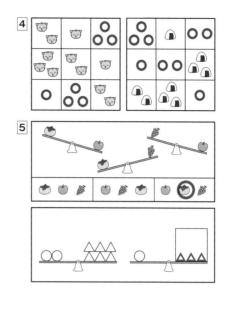

※①の2問目は解答省略。②は順番に7個、5個、10個、6個、5人分。

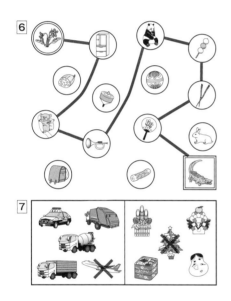

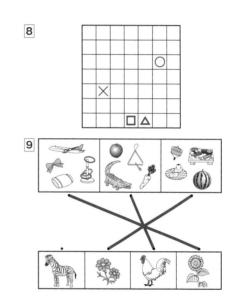

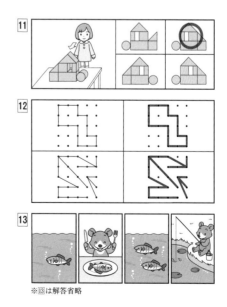

※⑬は解答省略

※ 1 は2つ。 2 の1問目は4本、2問目は2足

※ 3 の1問目は3つ、2問目はウサギからクマへ赤を1つ渡す。 4 の1問目は6個、2問目は3個

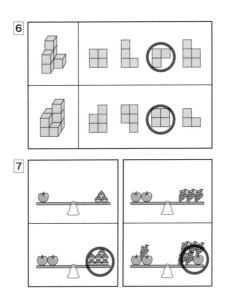

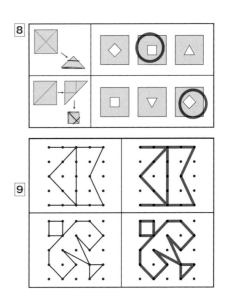

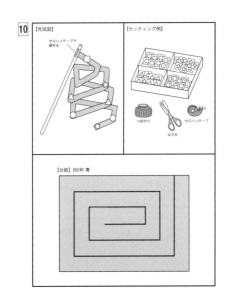

※①の1問目はライオン、2問目はキリンとカバ、3問目はネズミ

※③は3本ずつ分ける。⑤の1問目は6匹、2問目は9匹

※⑥の1問目は右から2人目、2問目は左から2人目

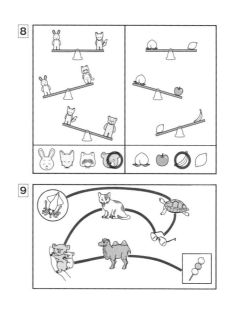

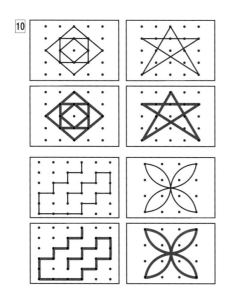

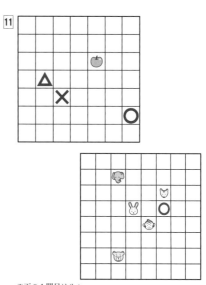

※下の1問目はサル

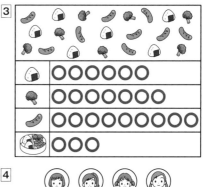

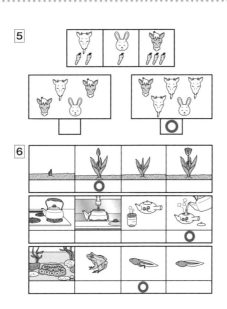

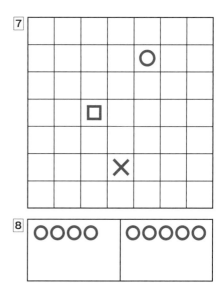

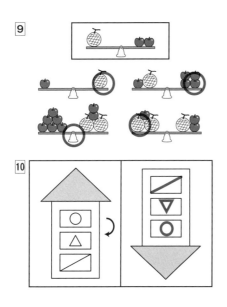

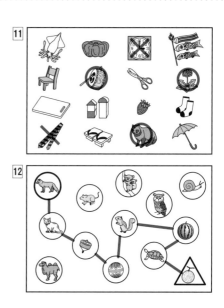

13

14

1
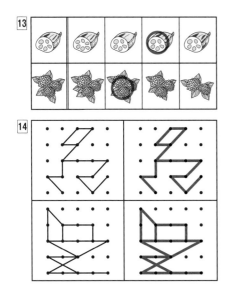

2
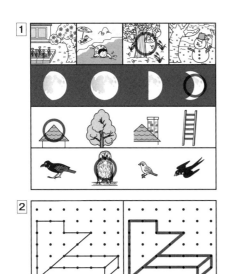

3
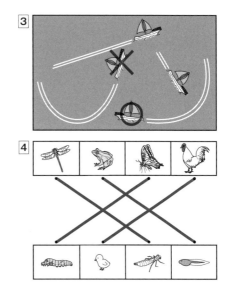

4
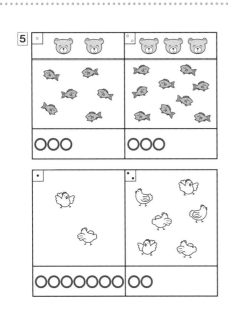

5

6

7

8
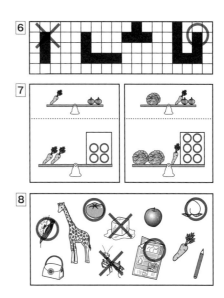

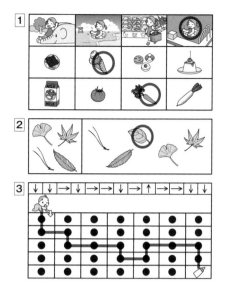

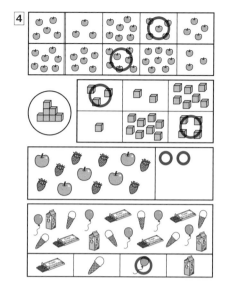

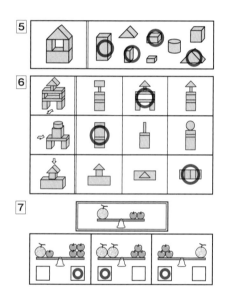

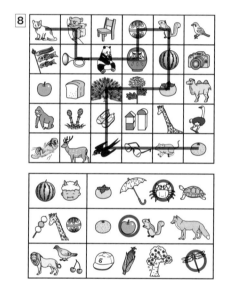

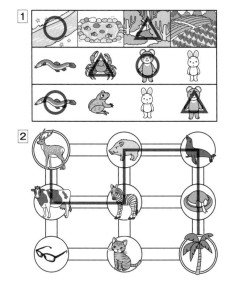

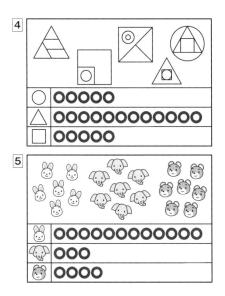

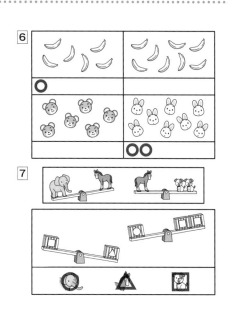

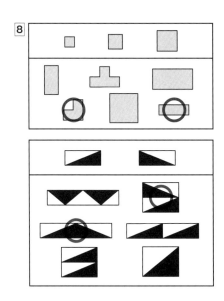

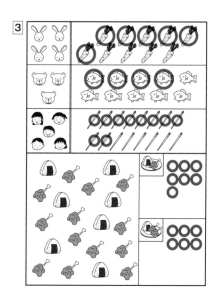

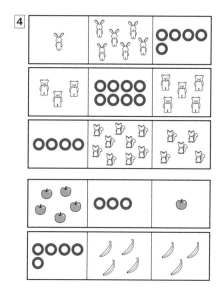

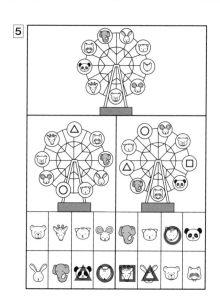

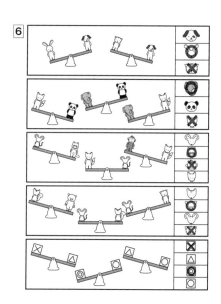

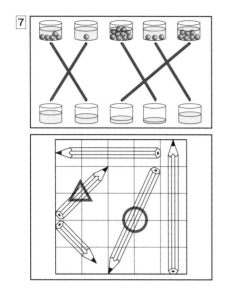

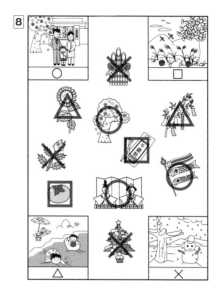

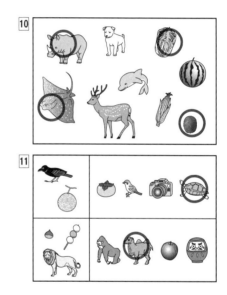

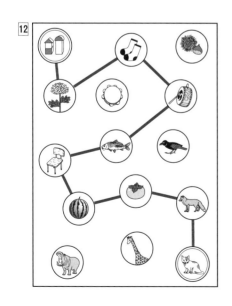

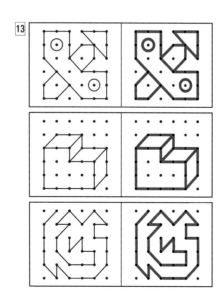

memo

memo

memo

Shinga-kai